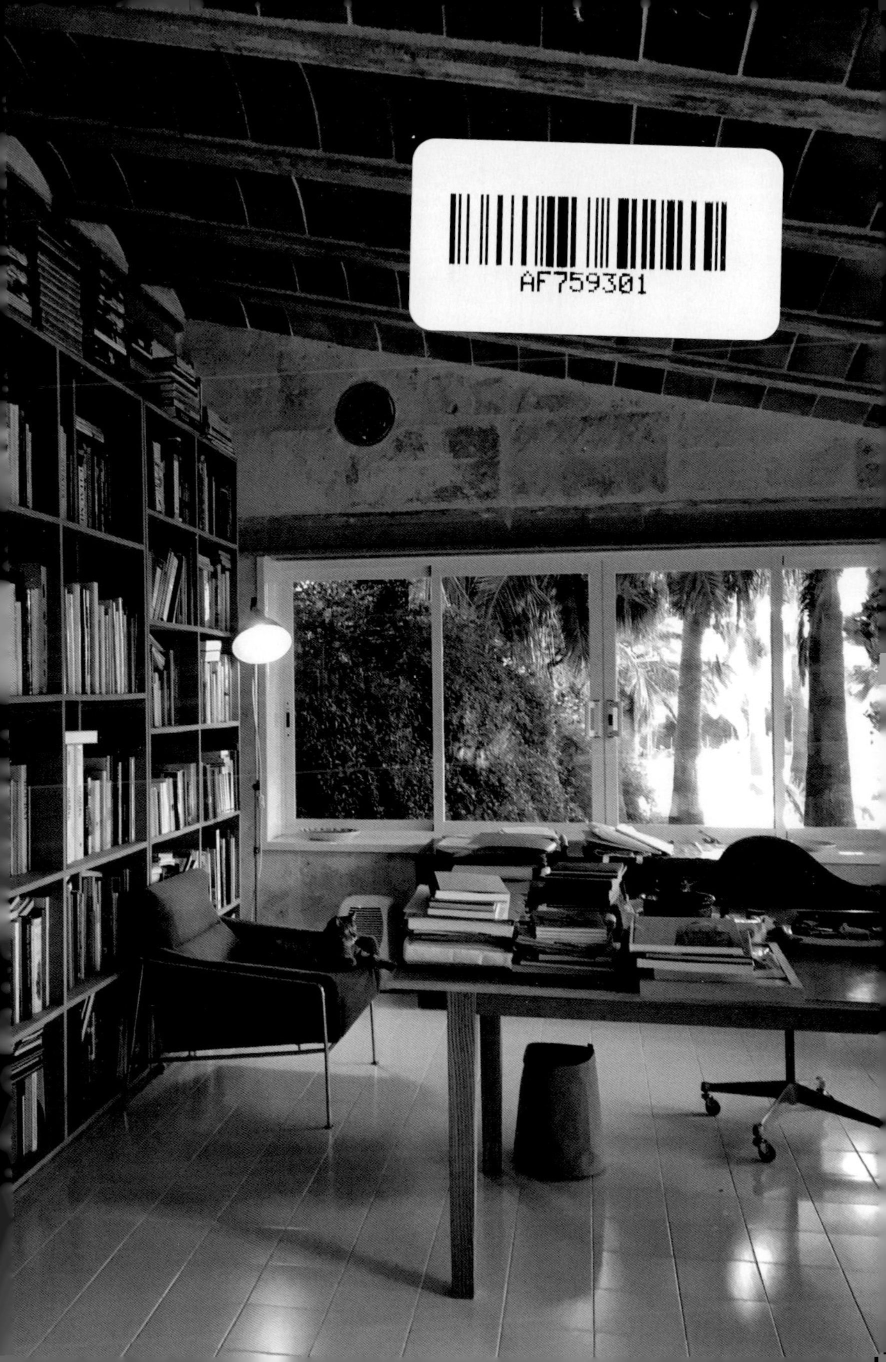

Biblioteca PHotoBolsillo

Jean Marie del Moral

PHoto**Bolsillo** LA FABRICA

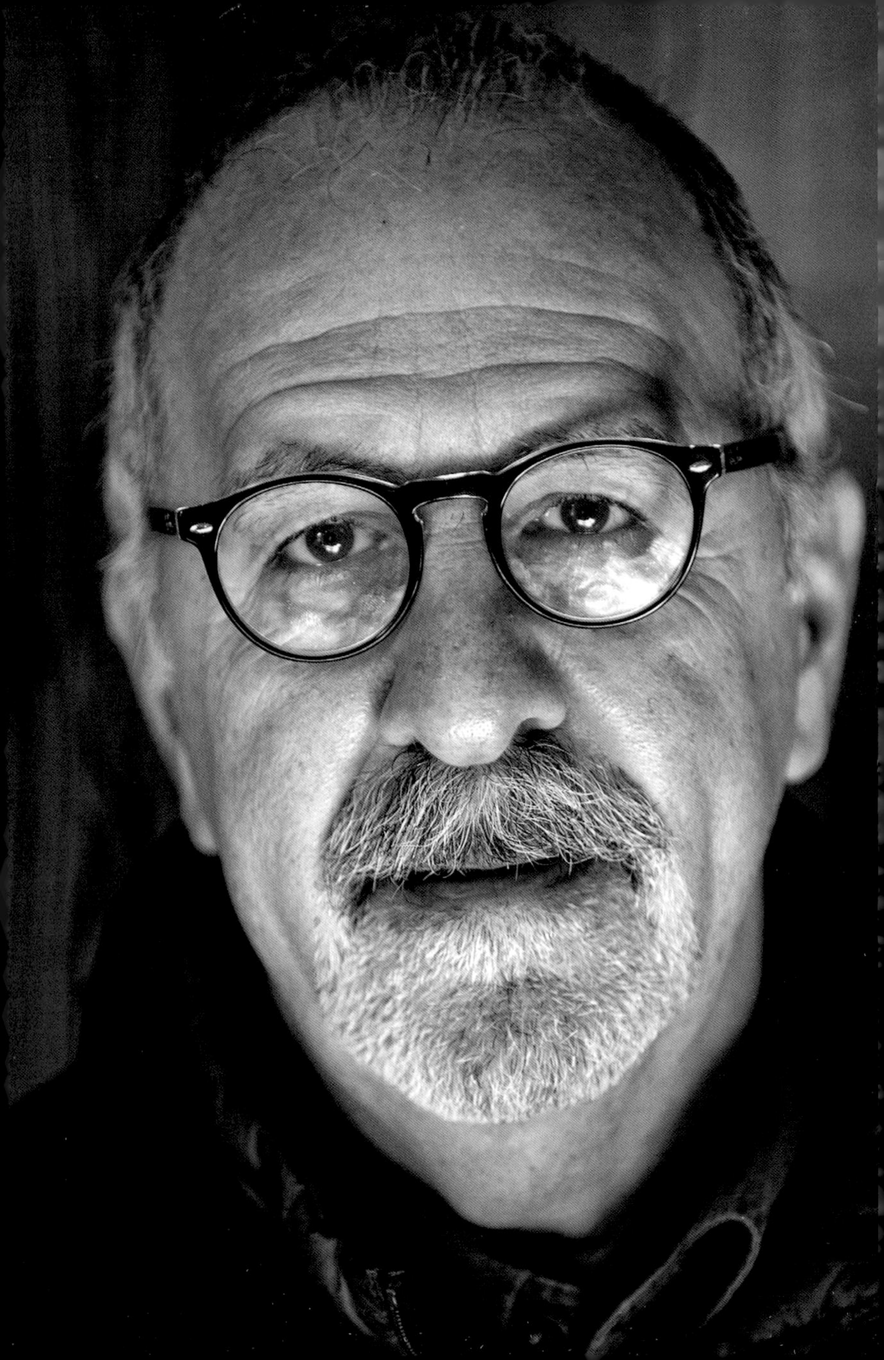

Jean Marie del Moral
El señor de las miradas
Por Biel Mesquida

Jean Marie del Moral retratado por Pepe Cañabate. Mallorca, 2014

Tant de mains pour transformer ce monde et si peu de regards pour le contempler.

[Tantas manos para transformar este mundo y tan pocas miradas para contemplarlo].

Julien Gracq

Conocí al fotógrafo Del Moral antes que a la persona Jean Marie, y puedo dar testimonio de que cuando Jean Marie entró en mi vida amistosa supe con gozo que la persona y el fotógrafo eran uno. Esta difícil coherencia, tan noble y exacta, se desprende del trabajo de un artista que conjuga vida y cámara con una transparencia tan singular como luminosa.

Jean Marie del Moral nace en el año 1952 en Montoire-sur-le-Loir (pueblo donde se entrevistaron Hitler y Pétain en 1940 para pactar la capitulación de los franceses). Se llama Jean Marie porque el empleado del registro civil francés no quiso ponerle Juan María, como deseaban sus padres. Es hijo de madre catalana y de padre andaluz, ambos exiliados de la guerra civil del 36. Sus padres y sus abuelos maternos vivieron los horrores de los campos de refugiados de Argelès-sur-Mer. Sobre la infancia de Jean Marie, he descubierto que es una de las claves más esenciales para ver que su educación sentimental nació, creció y fructificó en un ambiente cultural republicano, por decirlo de modo rápido y veraz, en el cual había gran riqueza de historias, de sabiduría, de imágenes y, sobre todo, de lenguajes, que formaban la atmósfera de aquel colegial que asistía a la escuela pública francesa y hablaba tres idiomas: el catalán con su madre y su abuela, el castellano con su padre y el francés con su hermana y su hermano. En el distrito xi de París, el niño jugaba en los talleres del barrio; allí empezó a fijar en su mirada aquello que después será materia de su quehacer fotográfico: los gestos, las manos, las herramientas, los matices...

Y también adoraba el cine. Lo veía todo, y recuerda con alegría los *westerns* de serie B con Audie Murphy de protagonista. Enfrente de su casa había una tienda de un fotógrafo, el Studio Jean Loup, con una gran vitrina en la que los recién casados sonreían desde siempre y los niños de primera comunión parecían tocados por la gracia divina con la fuerza del potente blanco y negro. Aquella vitrina cambiante de imágenes le fascinaba.

A los catorce años recibe el premio de redacción francesa en la escuela, que consiste en un libro. A la hora de elegir, sin dudarlo escoge *Provence noire*, porque mueven profundamente su deseo la cubierta de Picasso y las fotos

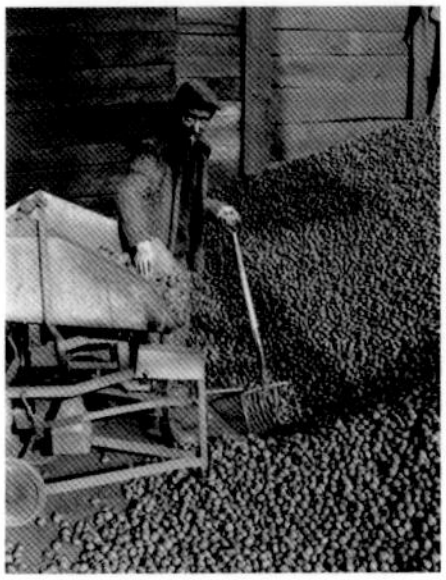

Carbonero. París, 1972

de Gilles Ehrmann. En el libro hay fotografías de paisajes y retratos de Picasso y Braque. «Sentí una fascinación extraordinaria por aquellos paisajes y retratos». Con este libro, el adolescente descubre un tipo de fotografía poética, singular, no documentalista, tocada de una vena literaria profunda y que capta en la banalidad del mundo la belleza más escondida con una poeticidad suave, humilde y emocionante.

Me imagino al joven Jean Marie, años más tarde y ya hombre, haciendo fotografías para el periódico *L'Humanité*. Sí, este periódico ya había formado parte de la atmósfera familiar de aquellos exiliados políticos de izquierdas, y el padre había colocado en la pared de la cocina de la calle Charonne dos imágenes en las que dominaban el color negro y la memoria: una postal del *Guernica* de Picasso y un recorte del periódico con un cuadro de la serie *Elegy to the Spanish Republic* de Robert Motherwell (cuando un día le retrate en su estudio de Connecticut le contará este detalle y Motherwell se entusiasmará. Acabarán brindando con vino de Burdeos). Crecer con estas obras también tuvo parte esencial en su pensamiento y, sobre todo, en su mirada, en la cual la simbólica poética, llena de significaciones simultáneas, aparece desde la sencillez más austera, la precariedad constelada de detalles o, a veces, desde una cierta abstracción producida por excesos buscados en la intensidad de la captura de la cosa, de la naturaleza de la cosa.

En *L'Humanité*, Jean Marie hizo fotos de deporte, retratos, reportajes, etc., en los que la instantánea era esencial. Esta práctica fue para él una universidad de saberes prácticos y muy técnicos que el fotógrafo debe poseer para poder hacer buenas fotos; sus fotos. Y sabe también que la maestría técnica no es más que la parte del oficio que debe dominar para que no le esclavice, y que será la base para poder explorar, investigar y conseguir la libertad creativa.

La revista *L'Humanité Dimanche* le manda a Barcelona a los veintiséis años para hacer los retratos de un reportaje sobre intelectuales antifranquistas y captar la euforia social y la efervescencia cultural catalana tres la muerte del dictador. Jean Marie acababa de volver a Europa después de cinco años entre Montreal y Nueva York. Allí había trabajado para revistas como *Fortune*; también había sido fotógrafo de *set* de los Juegos Olímpicos de Montreal y había fotografiado ciudades industriales para los informes anuales de firmas multinacionales.

En 1978 Barcelona era una fiesta, con la gente gozando de los nuevos tiempos sin Franco, con las terrazas de los cafés de la Rambla llenos de euforia, con aires de libertad en las conversaciones, en las maneras de vestir y de manifestarse, en los brindis y en el aire; en todas partes. Se estrenaba en el Liceu *Morí el Merma*, obra inspirada en el *Ubú rey* de Alfred Jarry y concebida por La Claca, la compañía de marionetas que dirigía Joan Baixes. Los decorados, el vestuario, los muñecos y las marionetas gigantes eran de Joan Miró. Jean Marie fotografió las escenas más relevantes del espectáculo. Al día siguiente contactó con Miró, que era muy reacio a hablar con la prensa; pero cuando Jean Marie le contó en su catalán materno que era hijo de republicanos exilados, y el maestro entendió su fervor por su obra, le citó en Palma. Le recibió en Son Abrines, en el taller construido por Josep Lluís Sert, arquitecto amigo de Miró y también exiliado. El estudio sintetizaba el rigor de la Bauhaus y la blanca sencillez mediterránea con su techo, que recordaba a las alas de las gaviotas. El fotógrafo entraba por primera vez en su vida en el estudio de un pintor... Se quedó extasiado. Miró estaba absorto, sentado en un balancín. Jean Marie lo retrató así. En aquella gruta mágica de luz templada, de silencio y de trinos de pájaros lejanos, fotografió todo lo que llamaba su atención: los enseres, los utensilios, los objetos y los cuadros que llenaban todo el espacio.

Desde entonces, no ha dejado de fotografiar el mundo de los artistas, intentando mostrar las metamorfosis de los estudios y los procesos creativos. Empezó con los pintores españoles de la escuela de París, sus «abuelos espirituales»: Clavé, Viñes, Lobo, Pelayo y Fenosa, que le recibirán con calidez y le contarán el exilio, el desarraigo, la lucha. Siguieron artistas de la generación intermedia: Saura, López García, Tàpies, Arroyo y Chillida; y, lógicamente, los de su generación: Campano, Sicilia, Broto, Plensa y Barceló.

Uno de los libros de Jean Marie que más revisito es *Barceló* (publicado en 2004 simultáneamente por Thames and Hudson, La Fábrica, Actes Sud y Steidl), que recoge veinte años de trabajo sobre el pintor mallorquín con una intensidad, una belleza y una fuente de conocimiento del artista que muy pocas veces se han podido captar desde que existe la fotografía. Citaré la relación de Hans Namuth con Jakson Pollock como un precedente. La confianza con Miquel Barceló y la complicidad que un arte puede tener con otro han creado el prodigio. Y añadiré, malévolo, un poco de suerte en los azares objetivos de ciertas fotografías fascinantes; aquellas que dicen cosas de la obra de Barceló que nadie había contado antes. El fervor barceloniano de las fotografías de Jean Marie nace de esta inagotable búsqueda del ser del artista, del respeto al

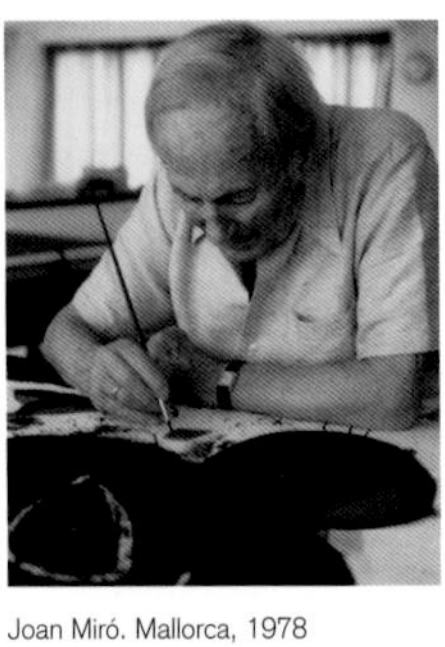

Joan Miró. Mallorca, 1978

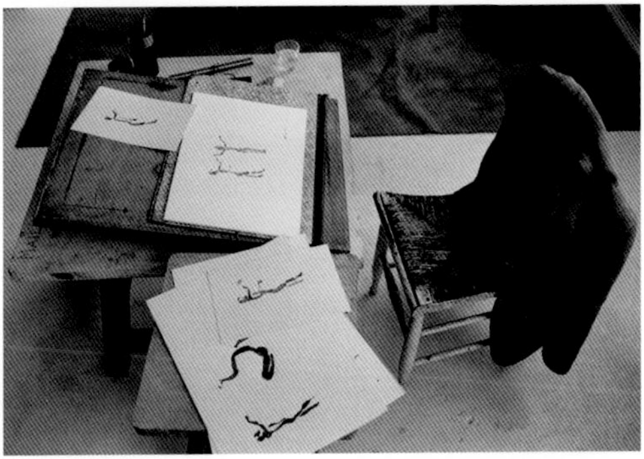

Estudio de Apel·les Fenosa. París, 1982

artista, del amor al artista, a su vida, a sus estudios, a sus viajes, a sus poses, a sus horas de invención, a sus cuadernos, a sus catalizadores; a la luz, los bocetos, los muros, los paisajes, los objetos, los modelos, las cosas, las ropas, los mil y un detalles...

El fotógrafo nos infunde la ilusión de ver cómo Miquel crea delante de nuestros ojos, siempre a distancia para que podamos tener una perspectiva de las proporciones, siempre variando los encuadres para subrayar una forma u otra del trabajo, siempre con visiones nuevas que se apartan de la redundancia y siempre, sobre todo, con esta ternura viva y ardiente que creo que es uno de los valores más centrales de Jean Marie. Y toda esta búsqueda es un viaje; Barceló, el libro, el paso del tiempo: «Antes de partir de la casa de Miquel, en Gao, delante del río Níger, le propuse hacer su retrato sentado delante la casa, en un sillón de plástico, el sol del amanecer que le daba en la cara, los ojos semicerrados, las piernas cruzadas y su brazo izquierdo bailando». Una verdad invisible que la fotografía nos revela acerca de la creación de Barceló.

Me enamora su forma de fotografiar más allá de los lugares, de los objetos y de las obras; este intento constante de ver, esta voluntad de exploración, esta pasión de buscar la nada que no existe pero que lo descubre todo, esta realidad que se encuentra debajo de lo que todos llaman realidad; este invisible fascinante y vivo que su mirada, entre el halcón y el lobo, caza al vuelo con la sabiduría de los artesanos y el espíritu de los místicos.

Por ello, cuando estaba escribiendo un ensayo sobre la intervención de Antoni Gaudí en la Catedral de Mallorca, le propuse que se uniera al proyecto con su cámara. Lo tuve claro una tarde que estábamos Jean Marie, Catherine (su mujer) y

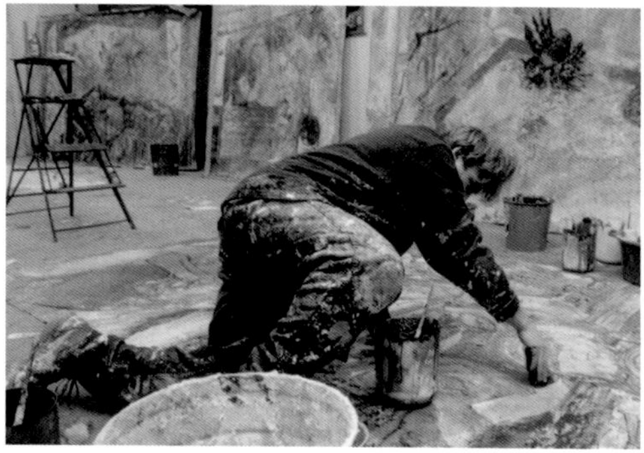

Miquel Barceló. París, 1985

yo leyendo en voz alta poemas de Philippe Jaccottet en una cala cercana al cabo Ferrutx. Ante un paisaje de una belleza violenta e intensa, vi unos pliegues de la roca de arenisca que parecían las páginas de un libro gigantesco, un libro gaudiniano. Nos fijamos los tres en aquellos pliegues geológicos y pregunté a Jean Marie si podía fotografiarlos.

Hemos publicado *L'ull Gaudí* con entendimiento y complicidad. En este libro, en un centenar de imágenes, Jean Marie muestra el proceso creativo de Gaudí en las antípodas de cualquier idea postalística, jugando con una libertad de búsqueda absoluta para que el lector vea, rememore, observe, entienda, sueñe, invente, goce... Entre las fotografías y los textos se crea una cámara de ecos gaudiniana que teje una melodía singular y única.

Jean Marie del Moral hace transcender los momentos más sencillos y los convierte en aventuras móviles e indefinibles que no podremos olvidar. Jean Marie del Moral tiene la poética que nos hace ver en la fotografía unos materiales enigmáticos que nos interrogan y nos maravillan. Jean Marie del Moral perfuma su obra de una melancolía noble que proviene de su propio testimoniar, de su personal escritura fotográfica, de su timidez viril, de su humor cálido y, sobre todo, de su ternura.

Jean Marie del Moral: un fotógrafo, un artista con bondad natural, con mirada elegíaca, con una fuerza suave, con una elegancia espiritual, con una inteligencia clara, con una fuerte lucha humana, con un extraordinario amor a la cultura, a los amigos y a la vida.

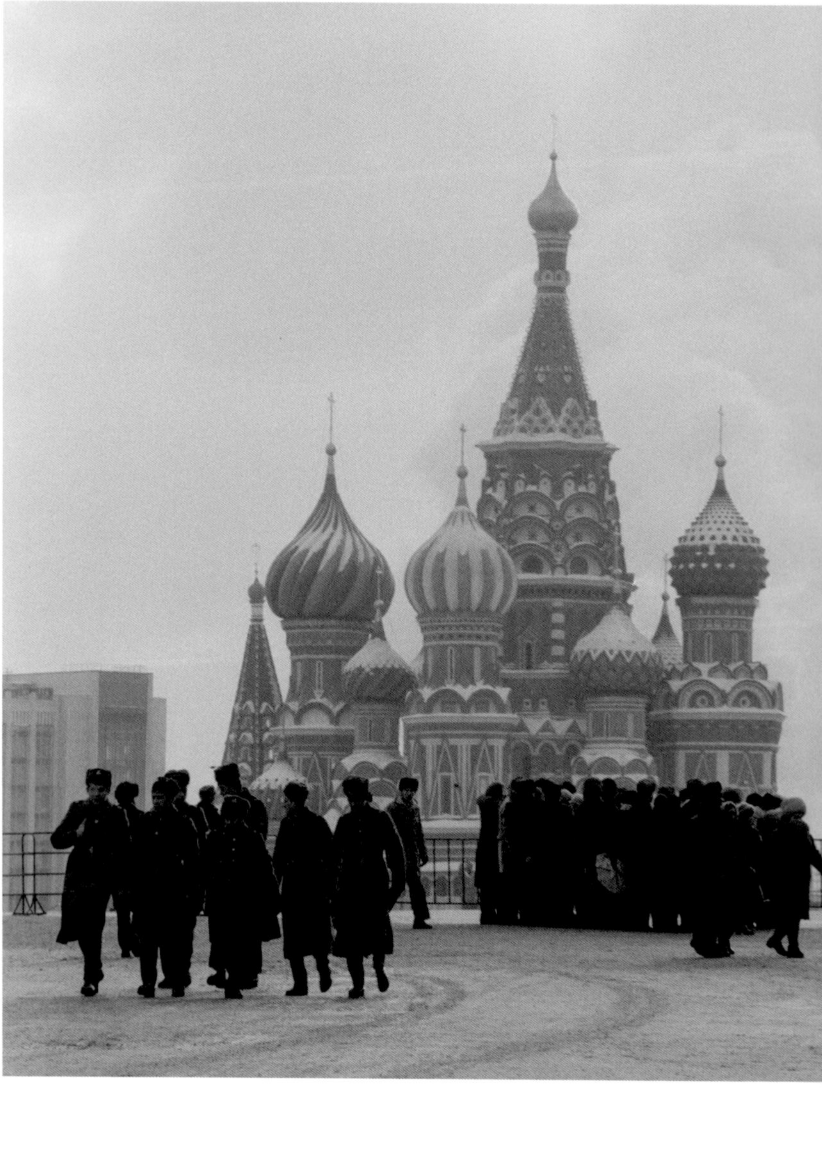

01. Moscú, 1978

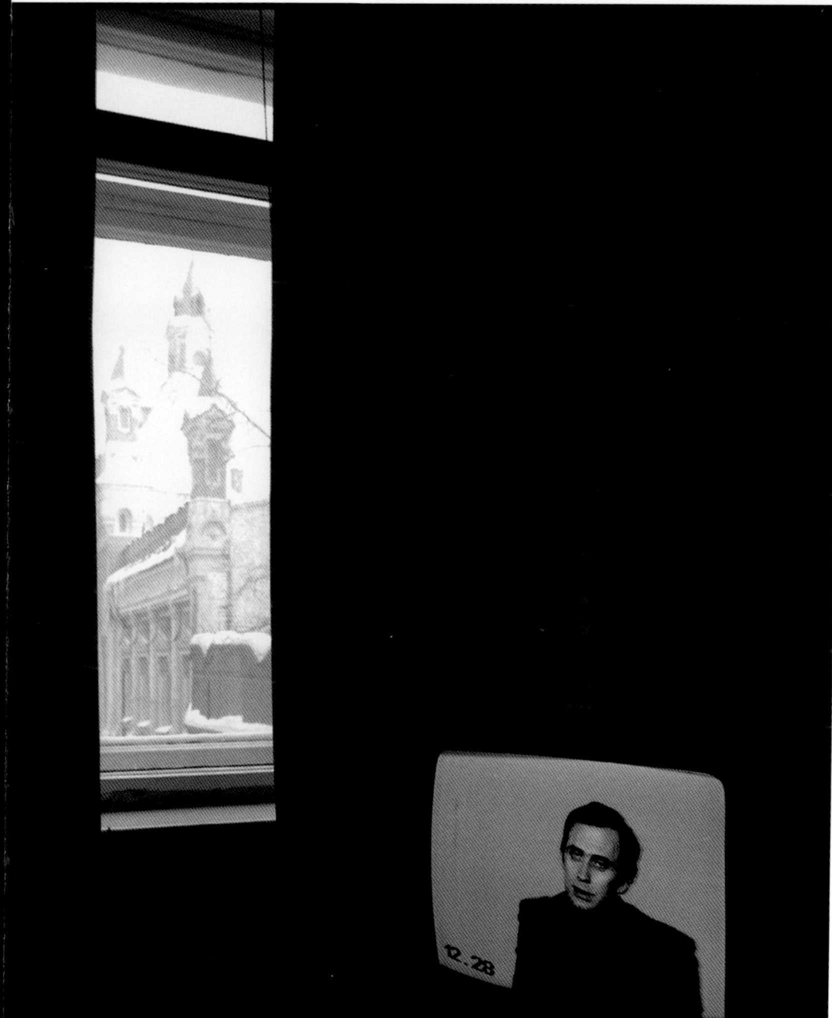

02. Moscú, 1978

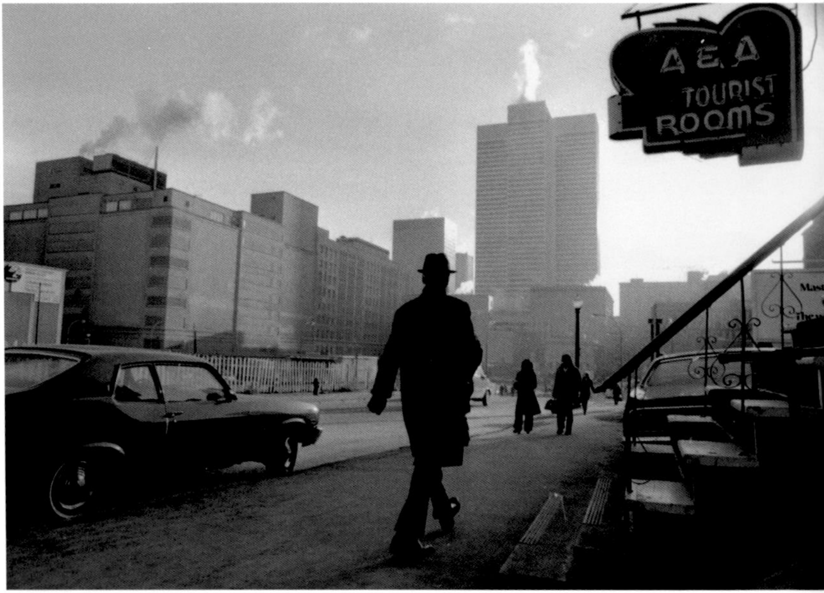

03. Montreal (Canadá), 1973

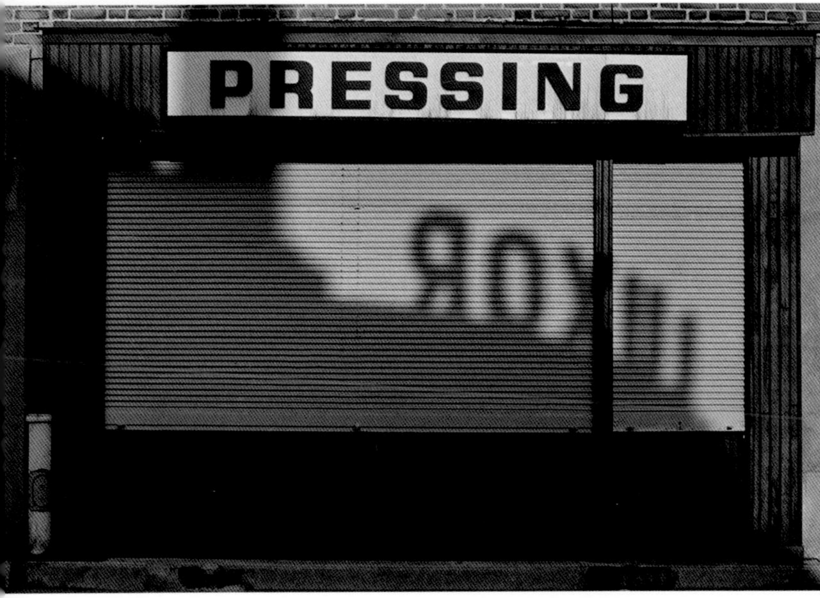

4. Drancy (Francia), 1978

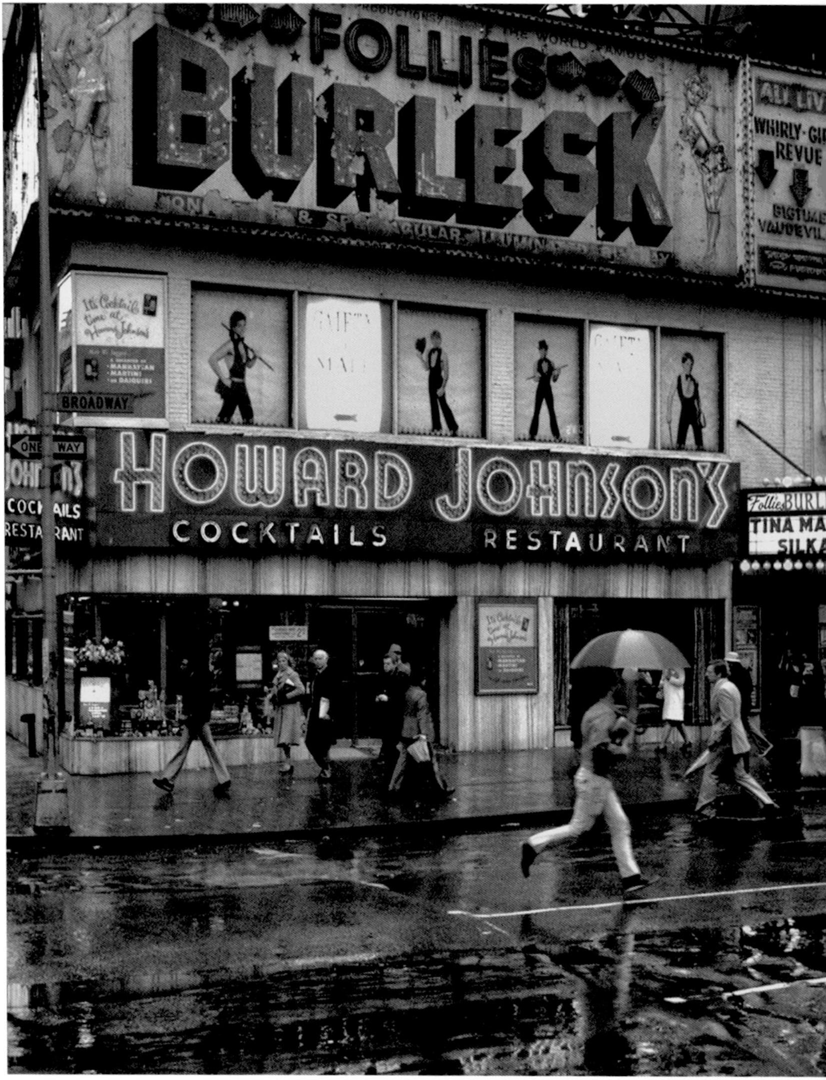

05. Nueva York, 1976

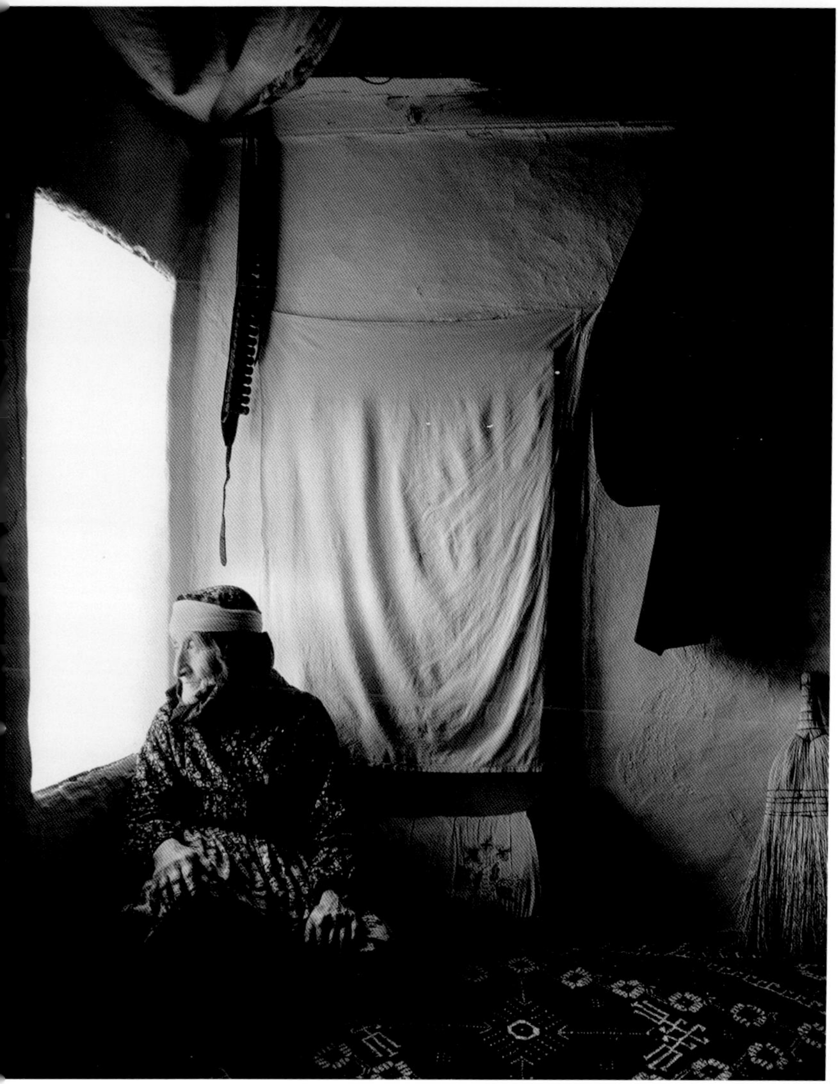

6. Misiköy (Turquía), 1994

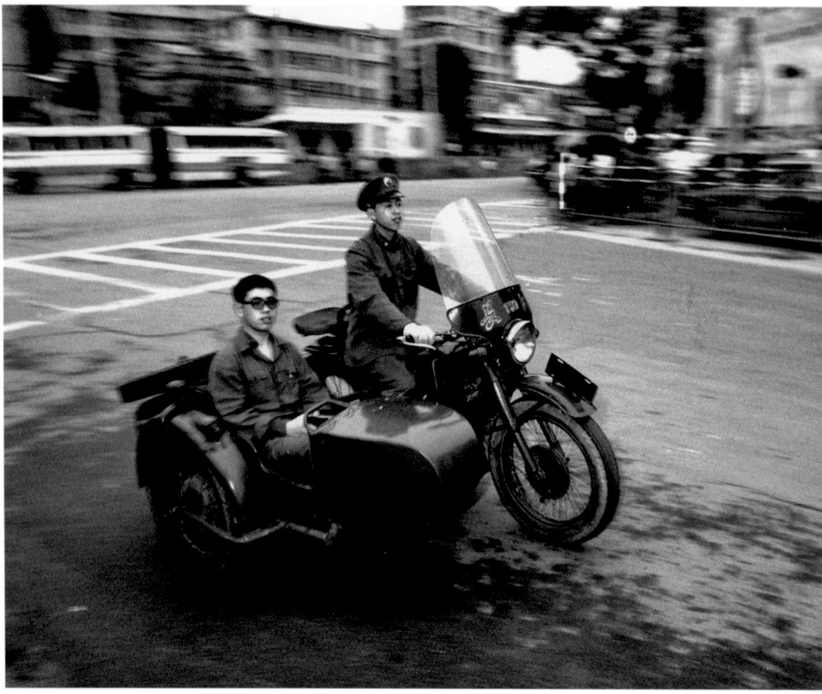

07. Pekín, 1980

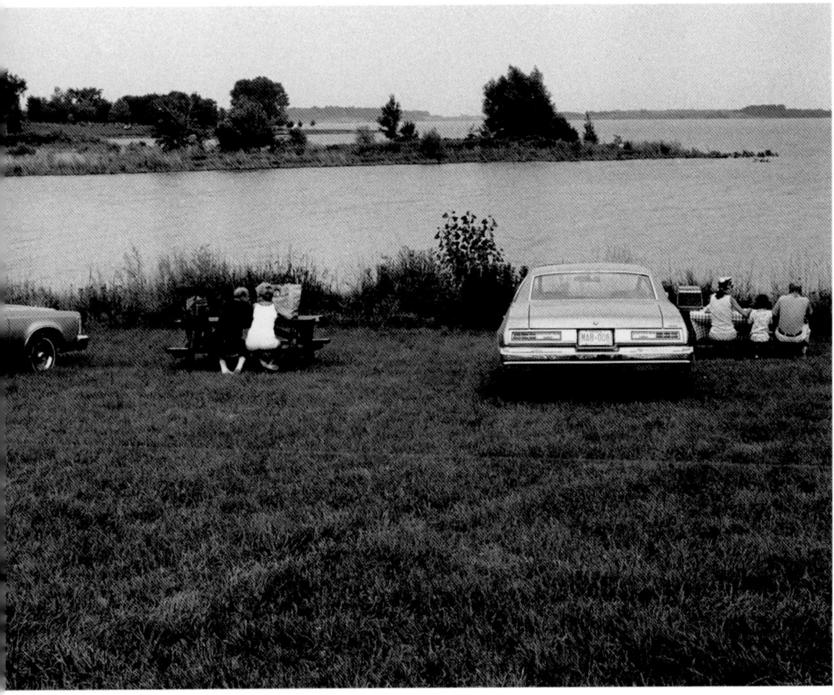

08. Ayers Cliff (Canadá), 1975

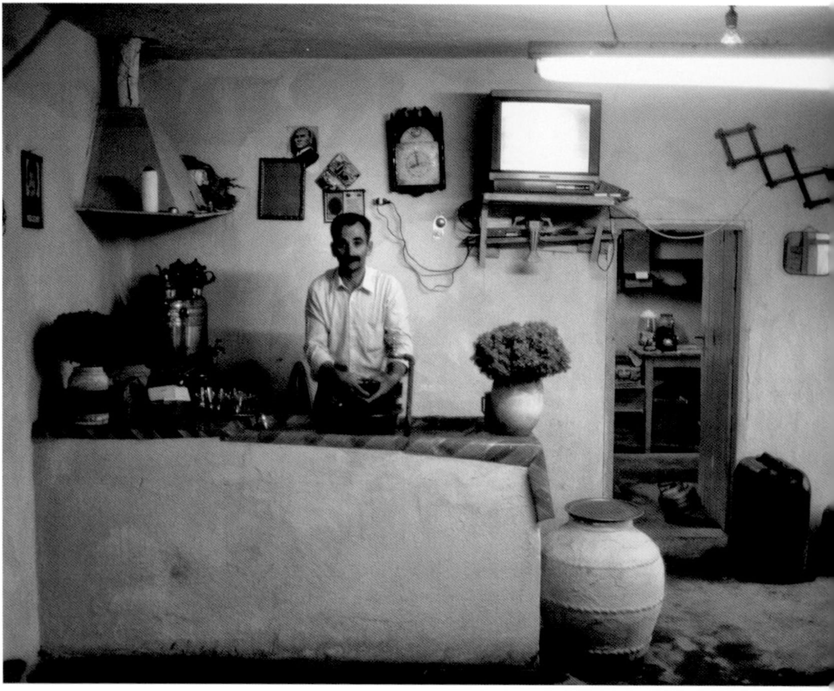

09. Çaglayan (Turquía), 1991

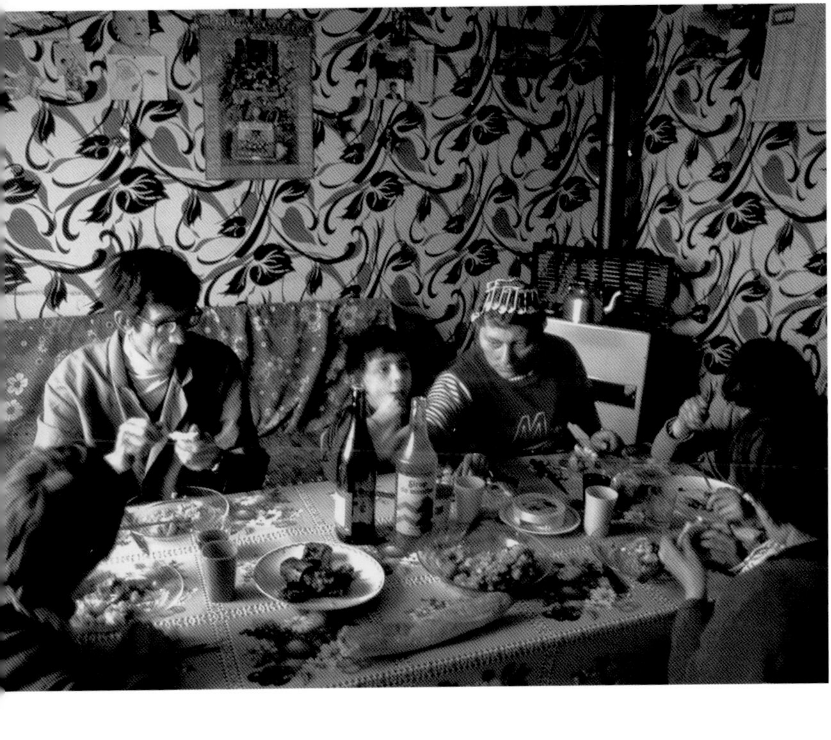

10. Roubaix (Francia), 1987

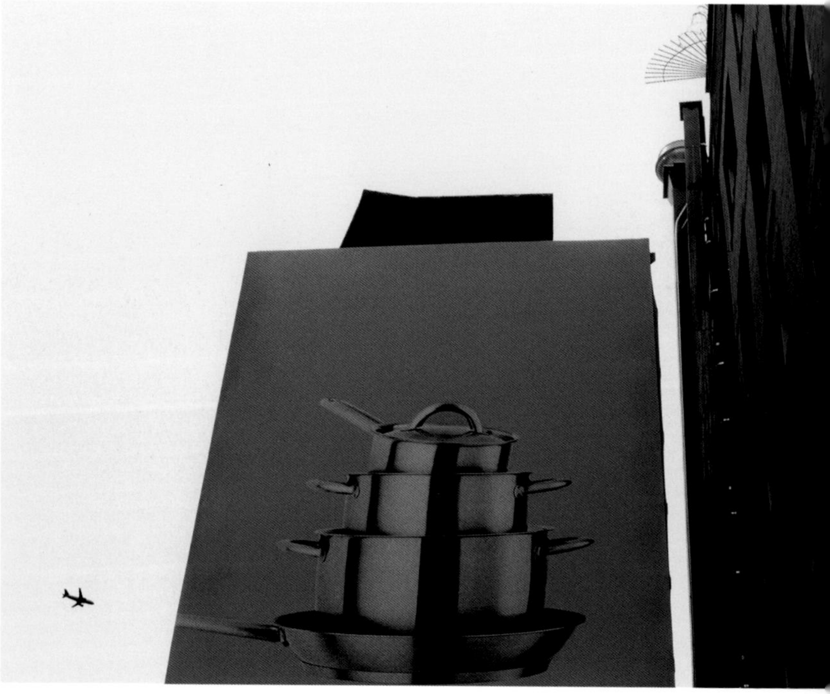

11. Nueva York, 2008

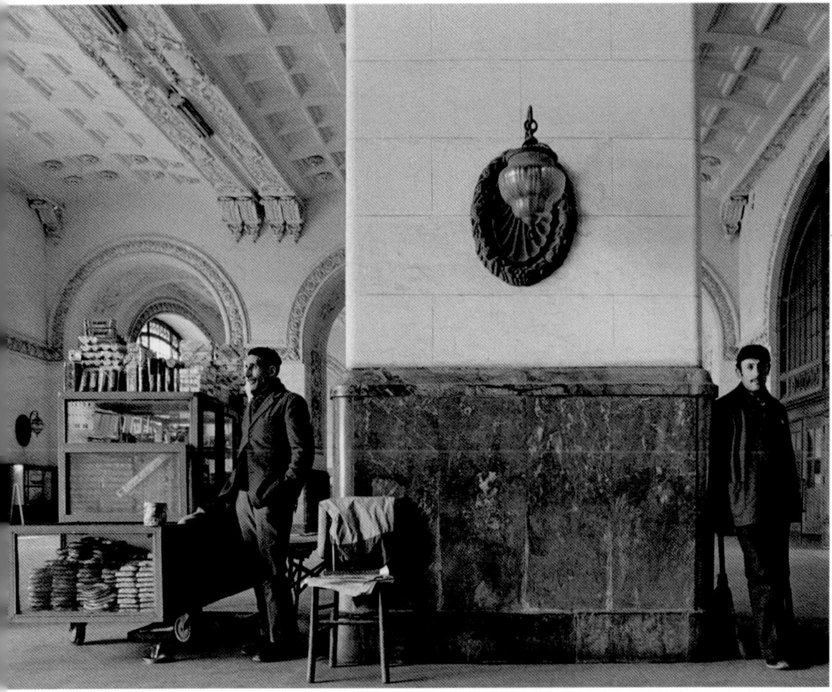

2. Estambul, 1979

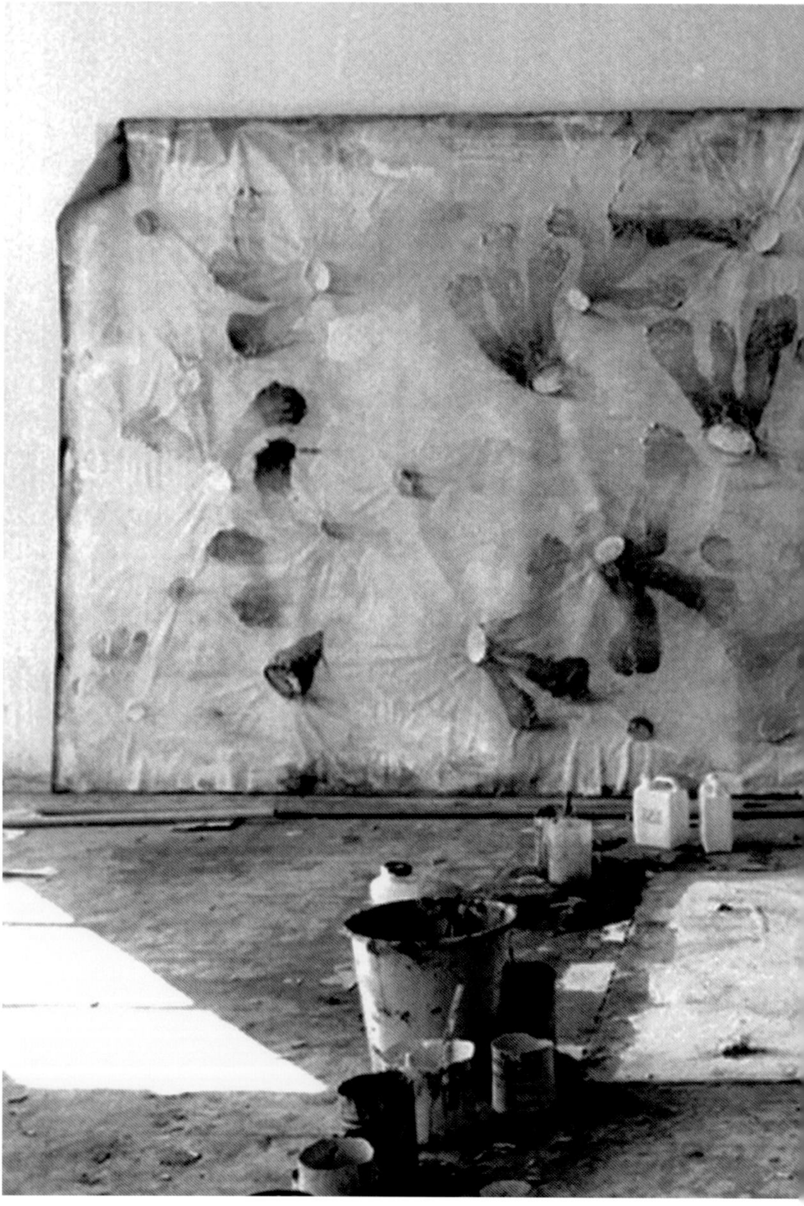

13. Miquel Barceló. Farrutx (Mallorca), 1988

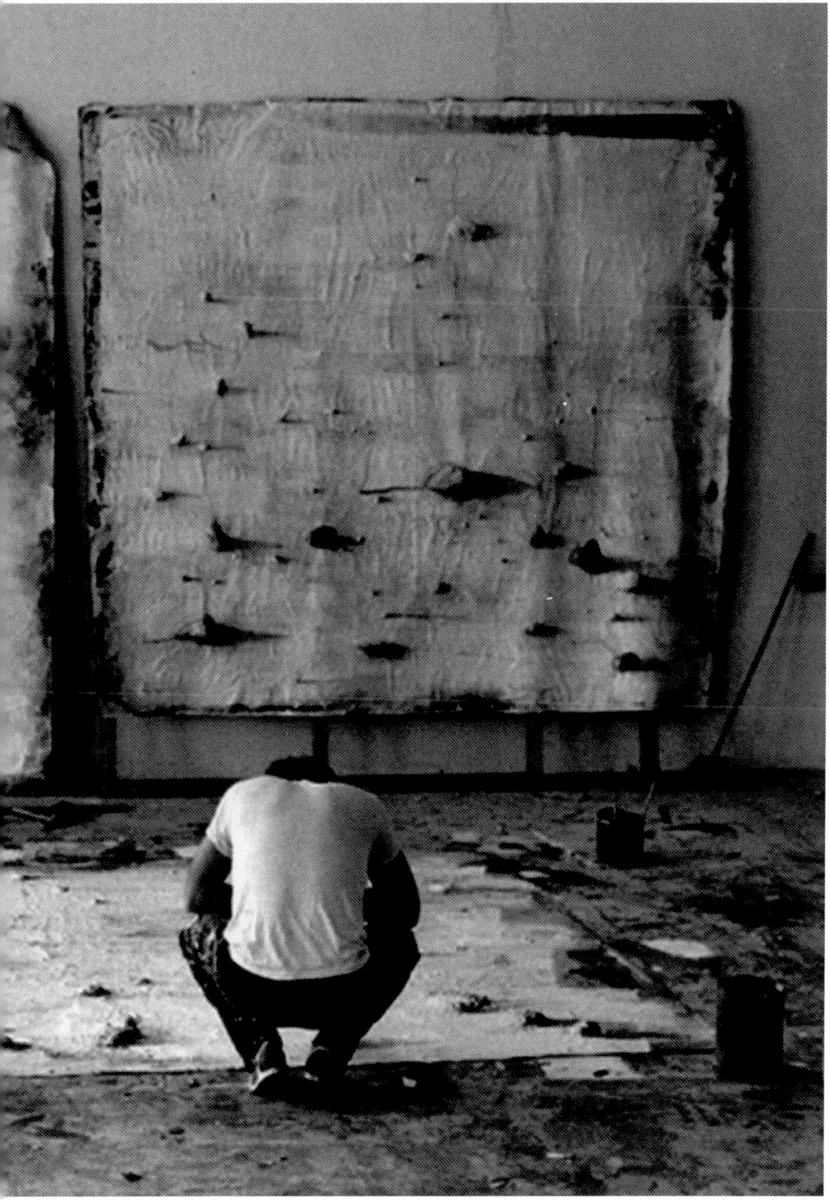

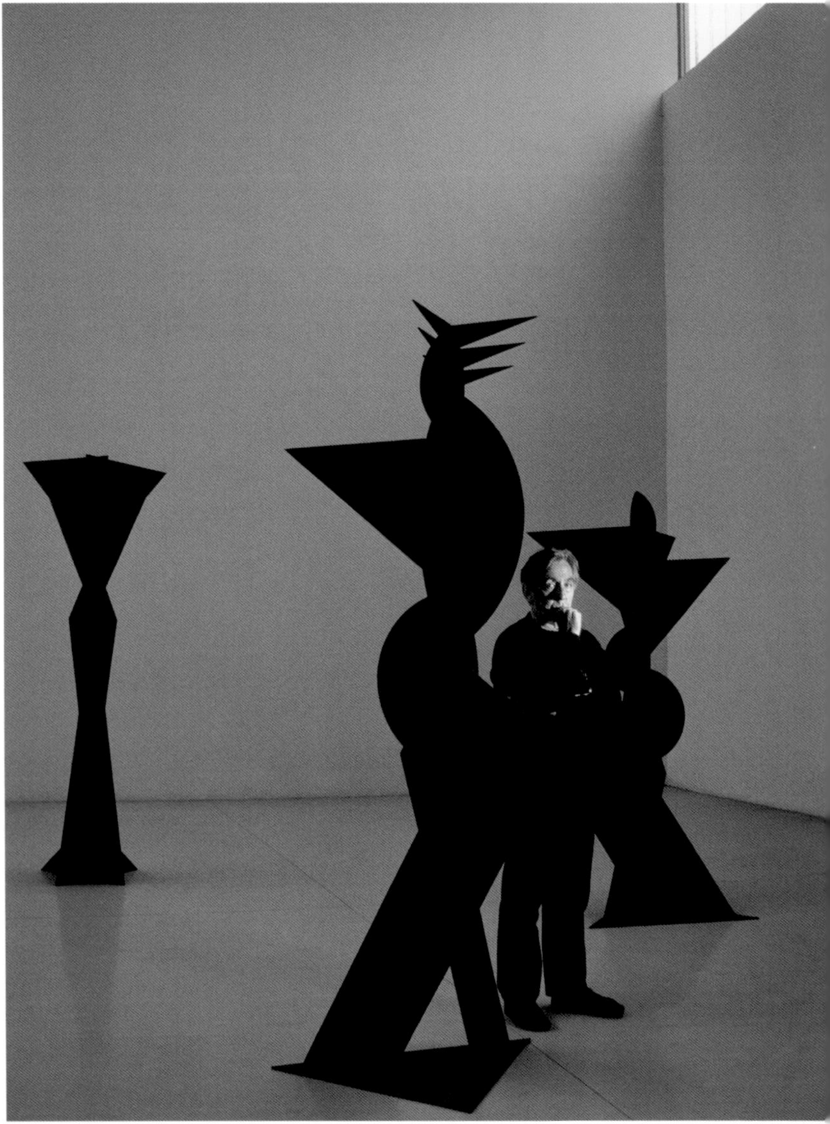

14. Andreu Alfaro. Valencia, 1990

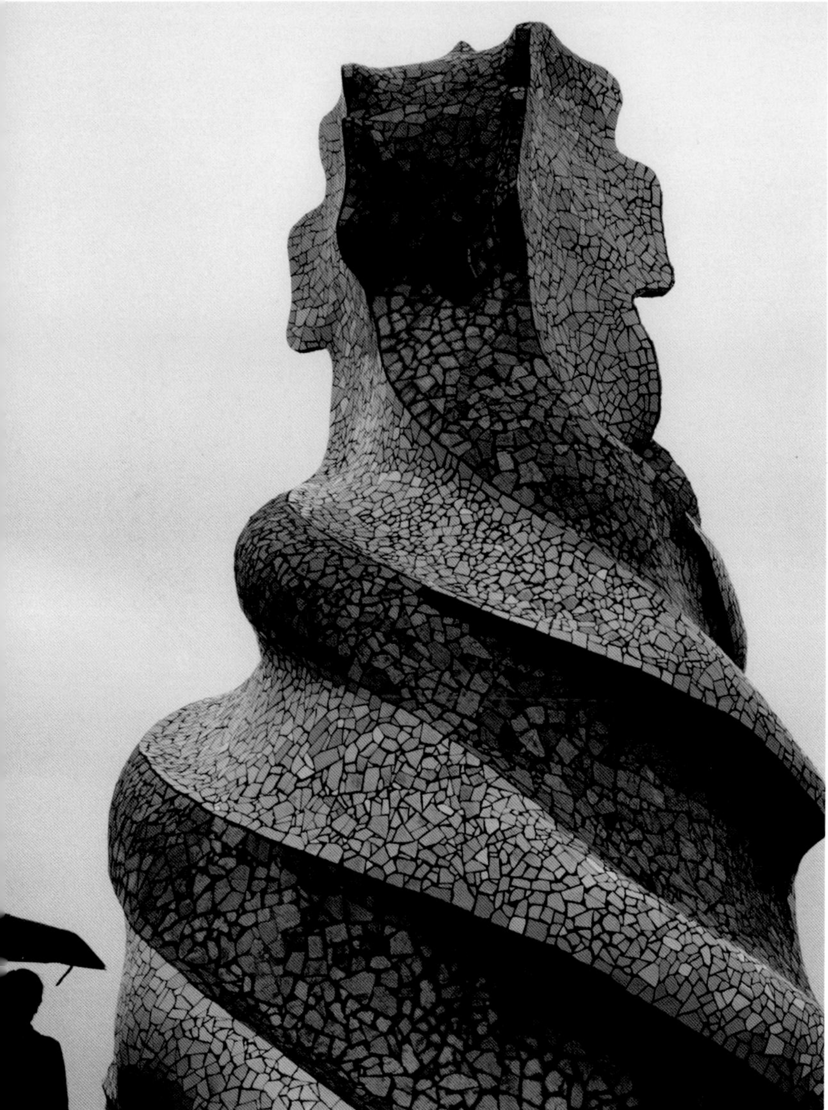

5. Barcelona, 1994

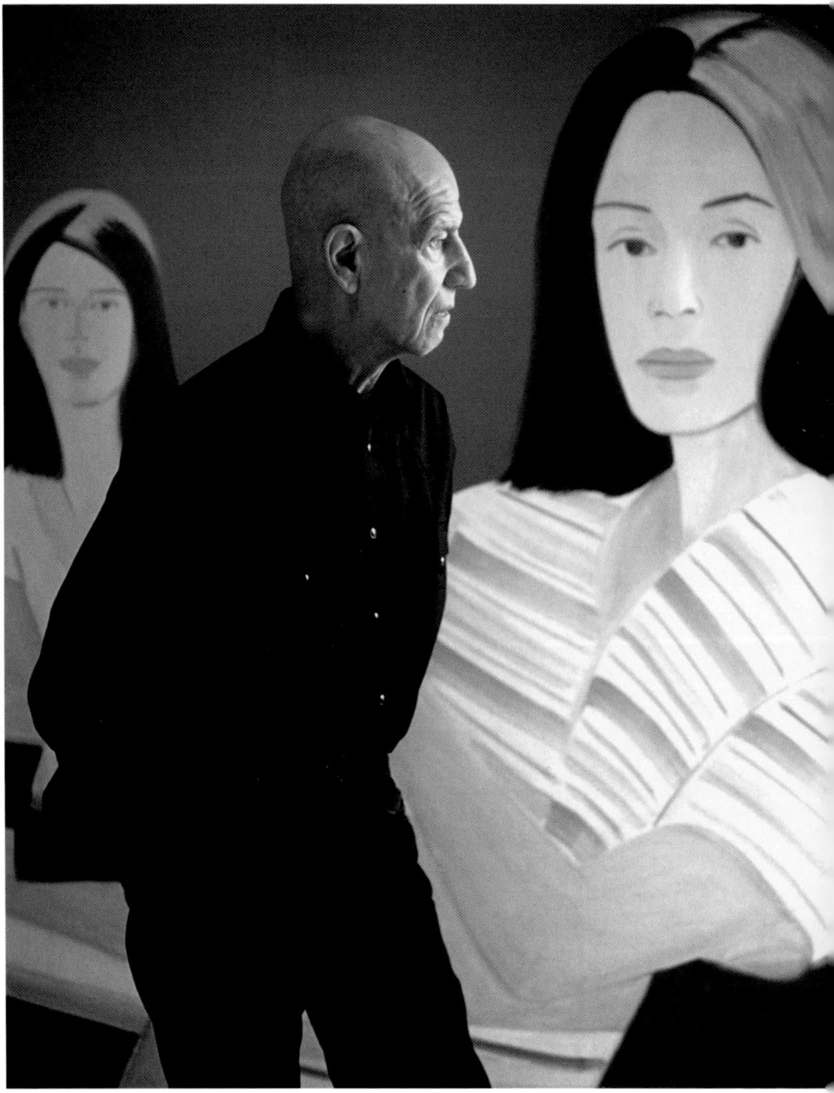

16. Alex Katz. Nueva York, 2008

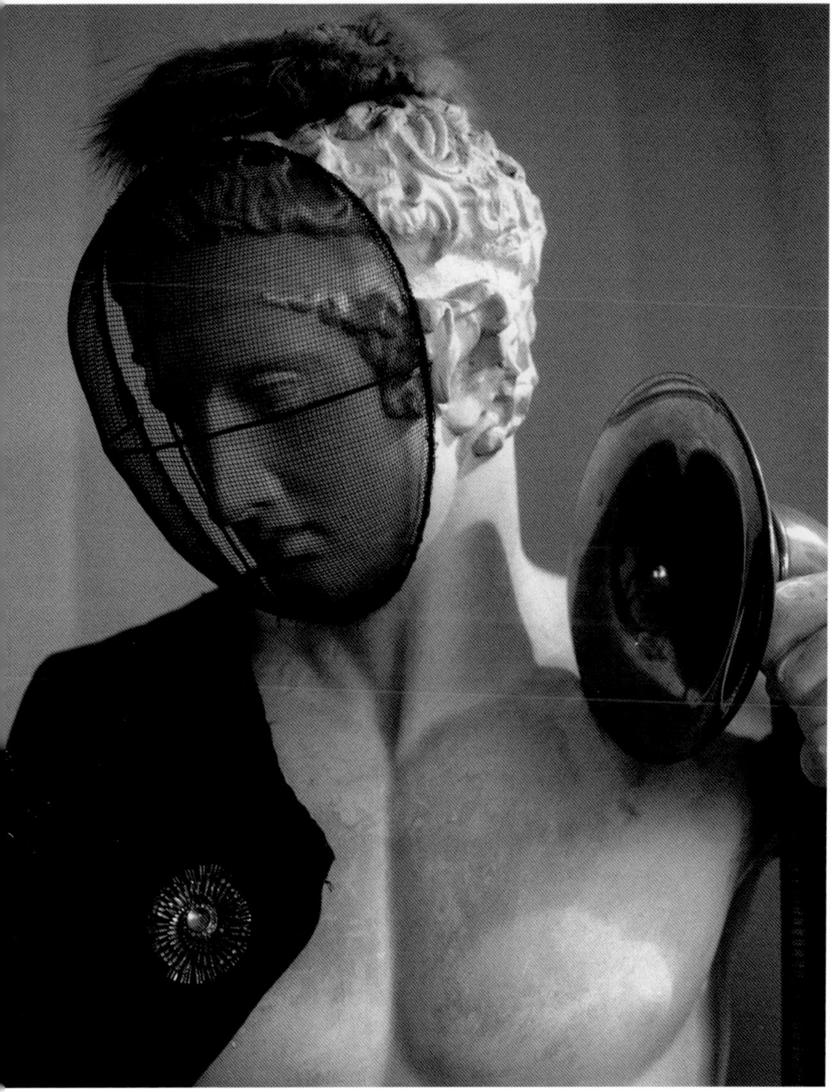

7. Estudio de Salvador Dalí. Cadaqués (Girona), 2001

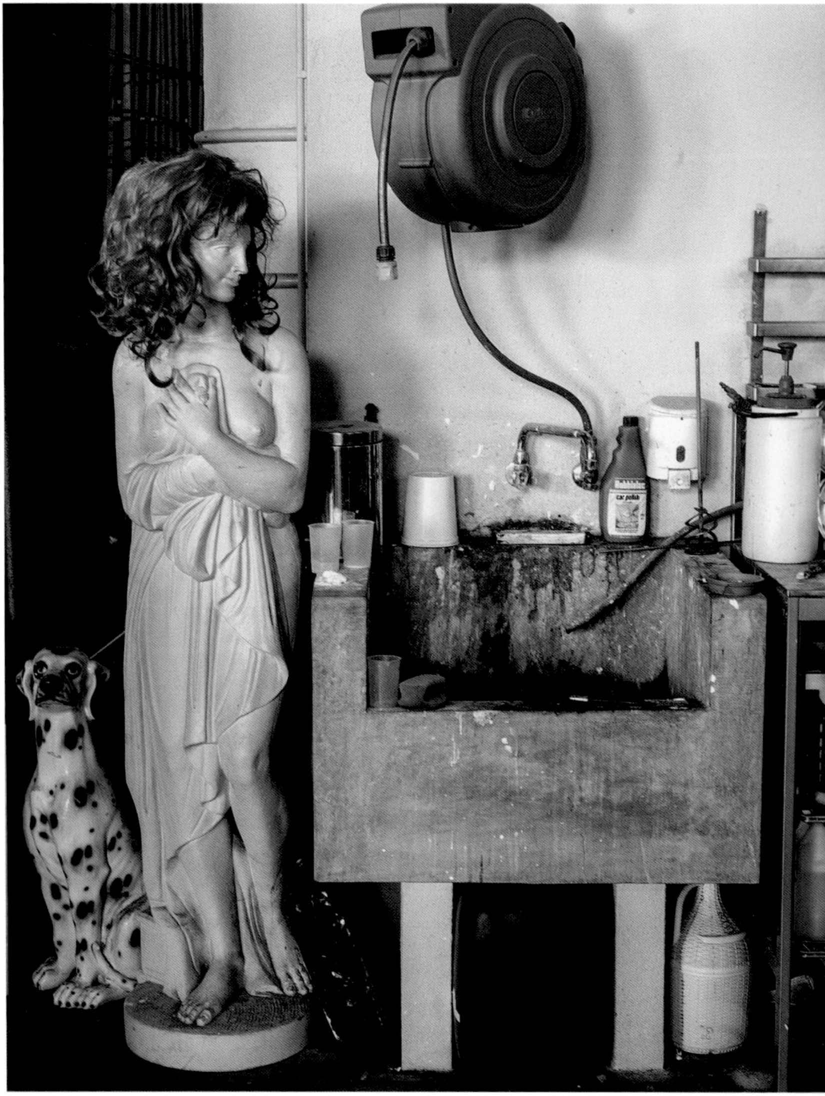

18. Estudio de Joana Vasconcelos. Lisboa, 2013

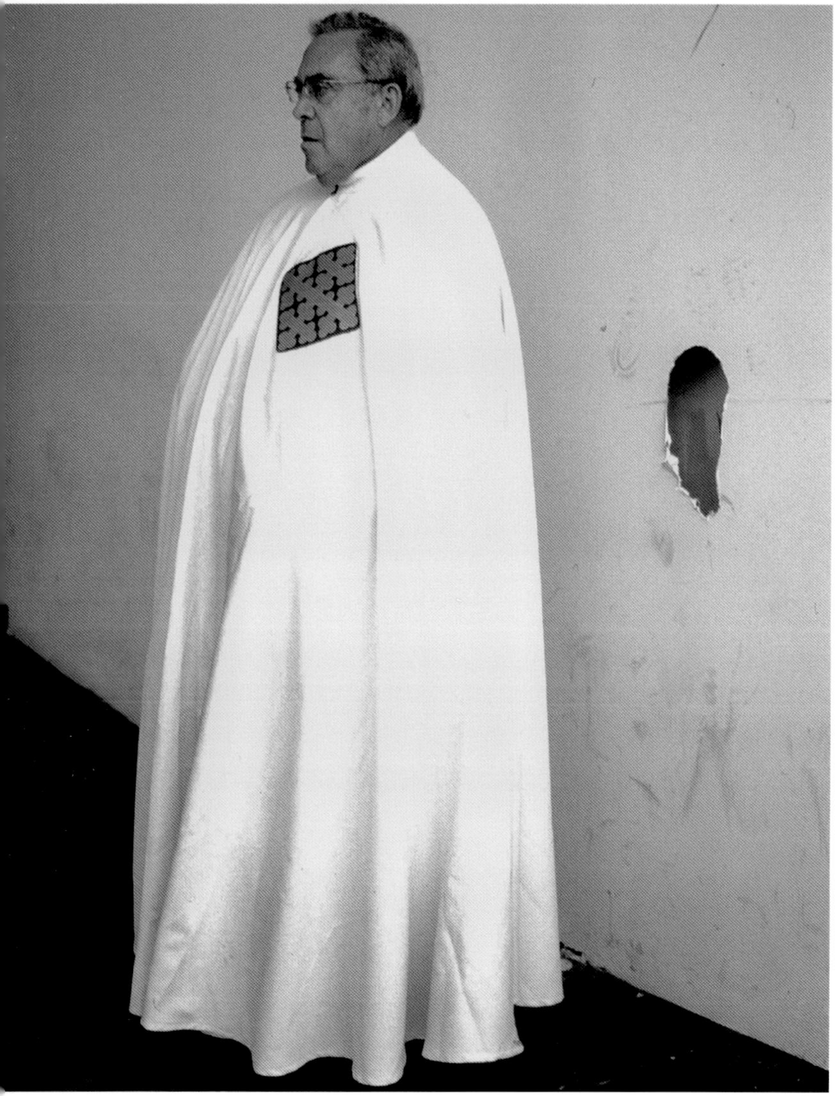

9. Madrid, 2006

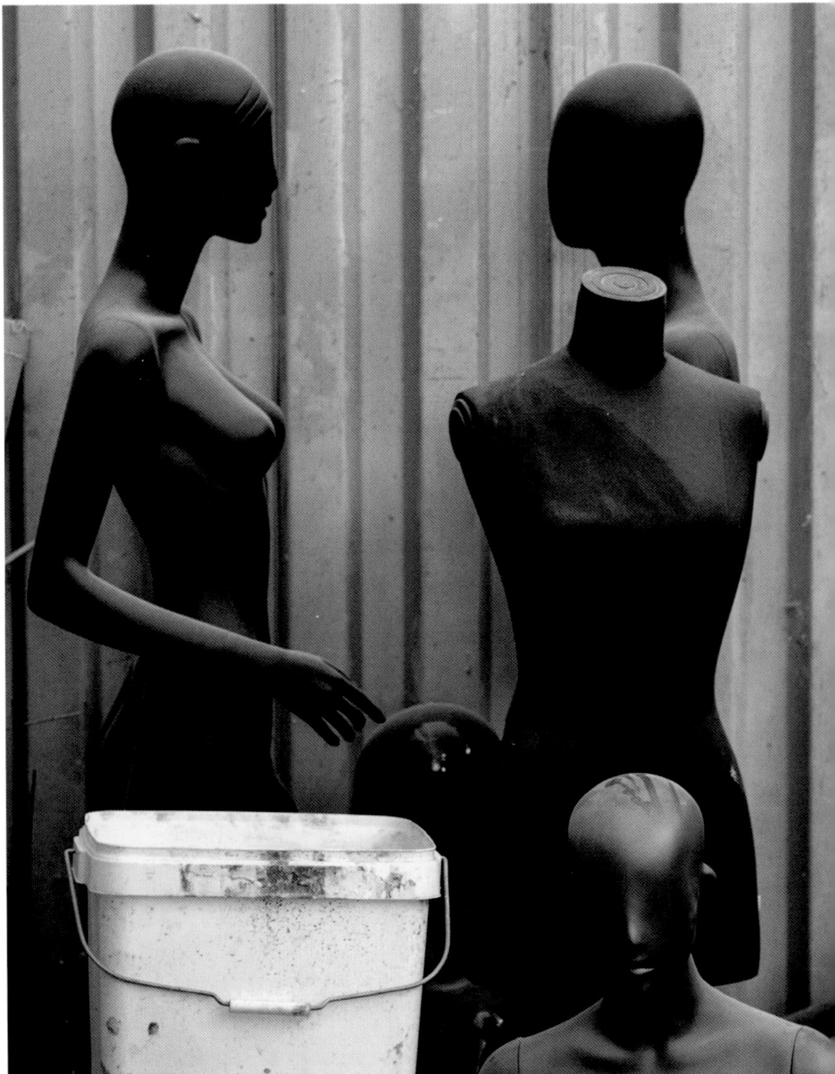

20. Madrid, 2016

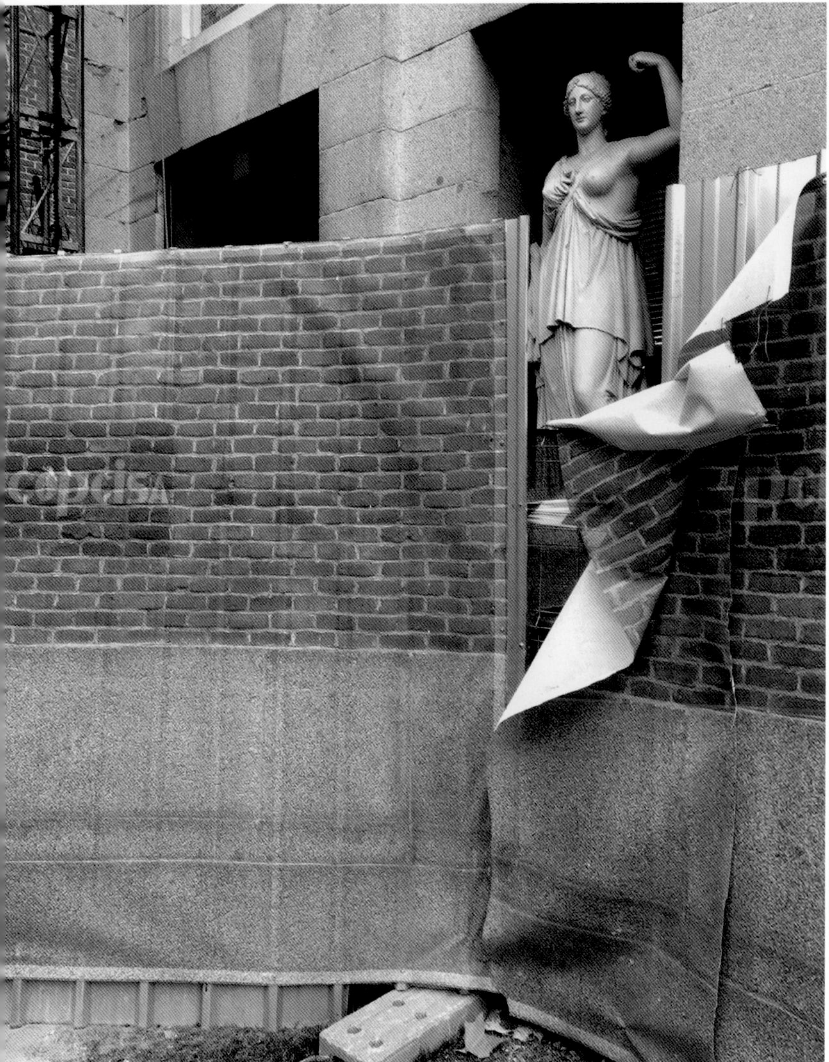

1. Madrid, 2018

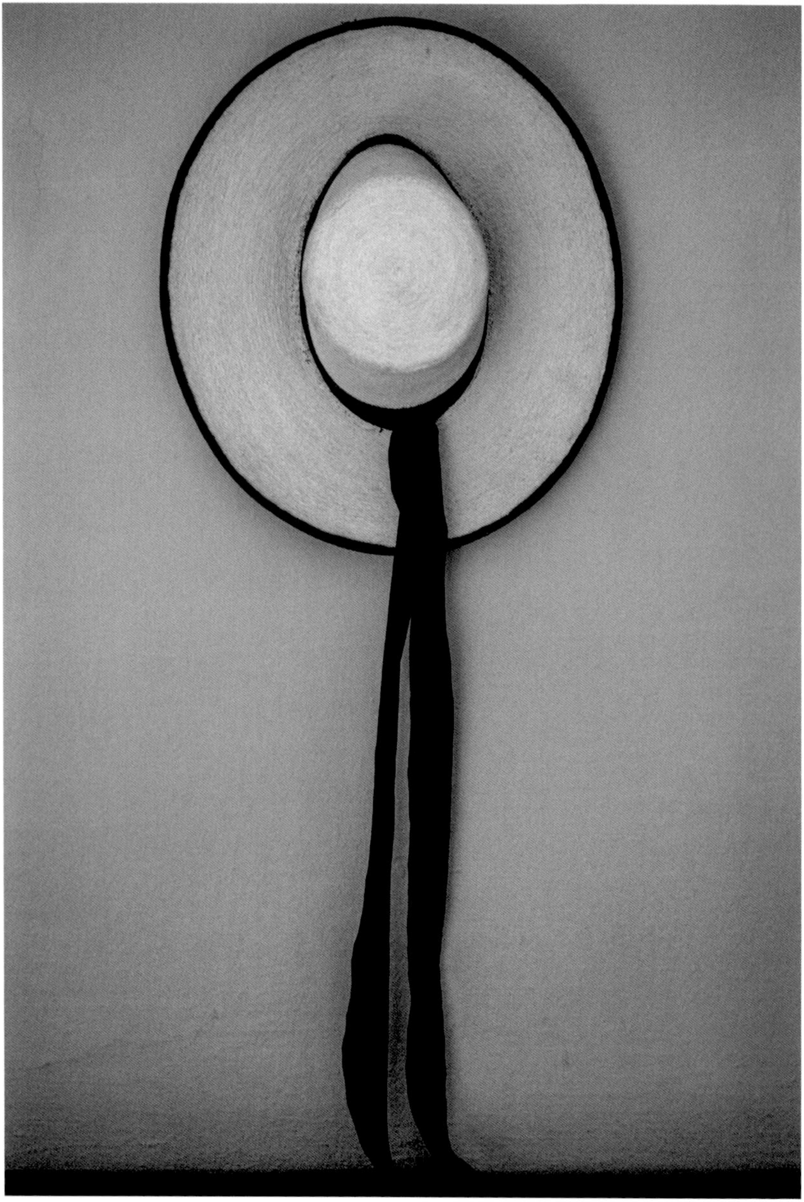

22. Estudio de Joan Miró. Mont-roig del Camp (Tarragona), 1996

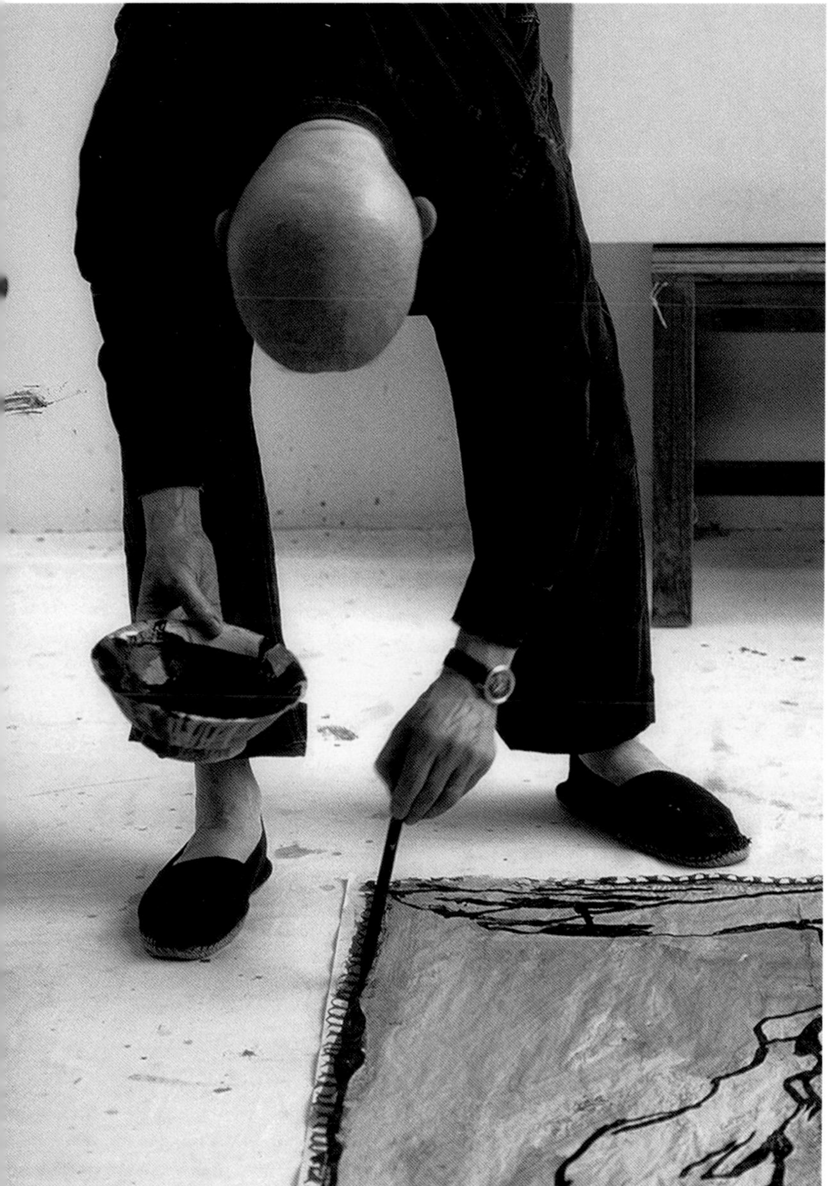

3. Pierre Alechinsky. Maussane-les-Alpilles (Francia), 1997

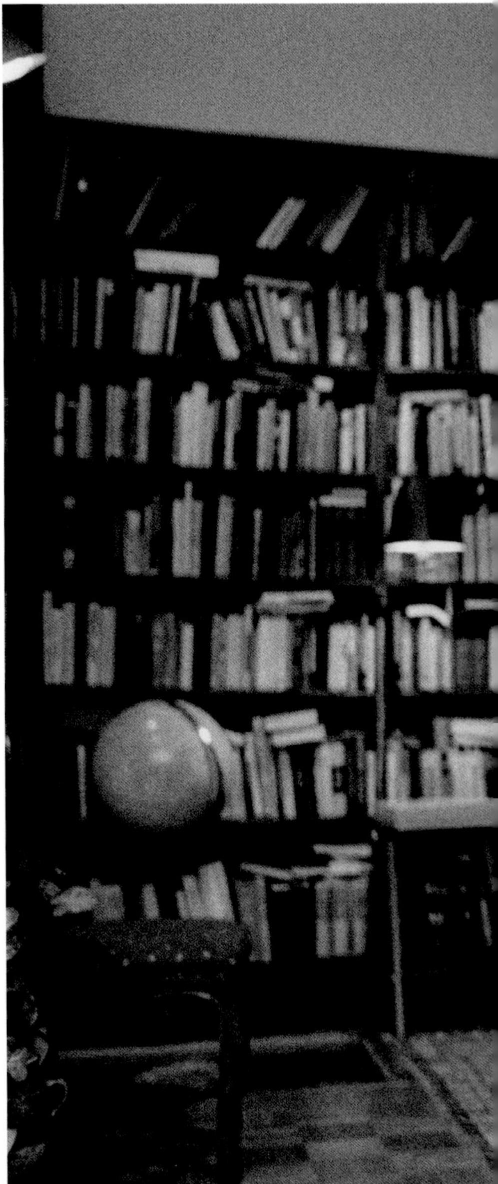

24. Robert Motherwell. Greenwich (Estados Unidos), 1990

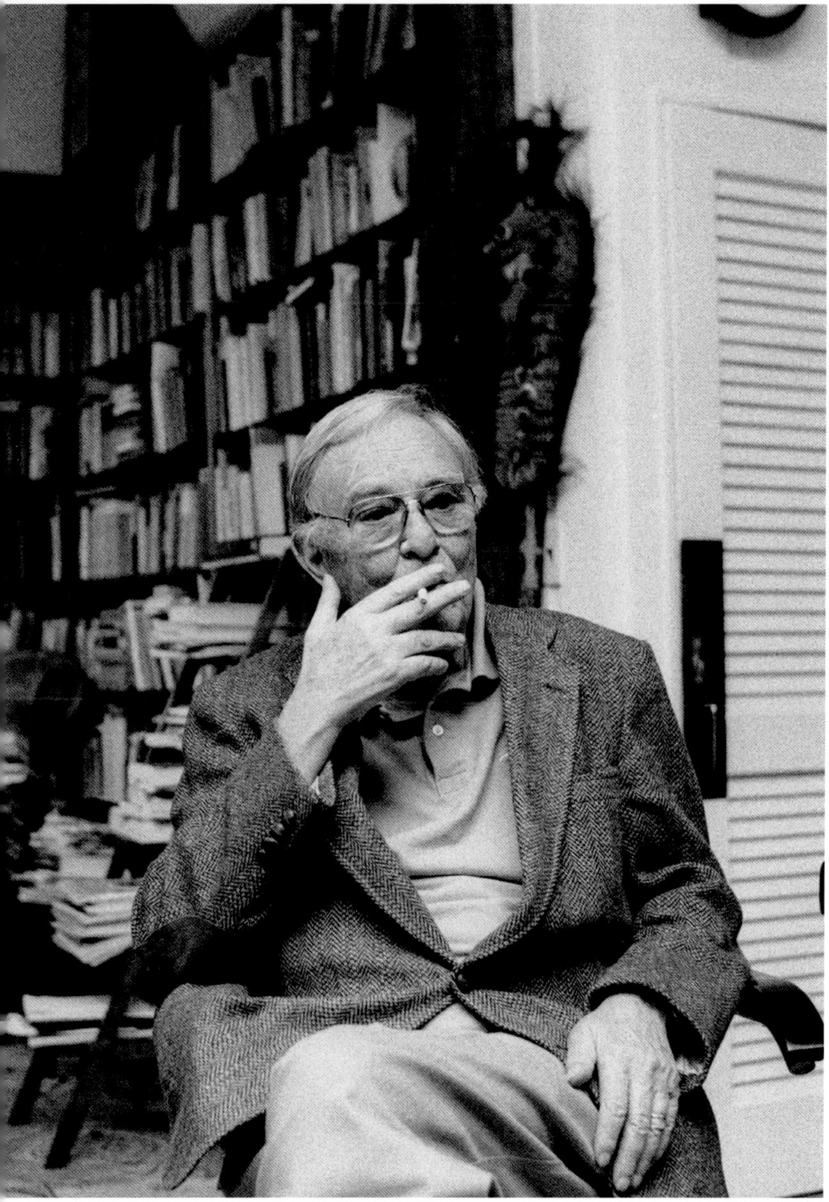

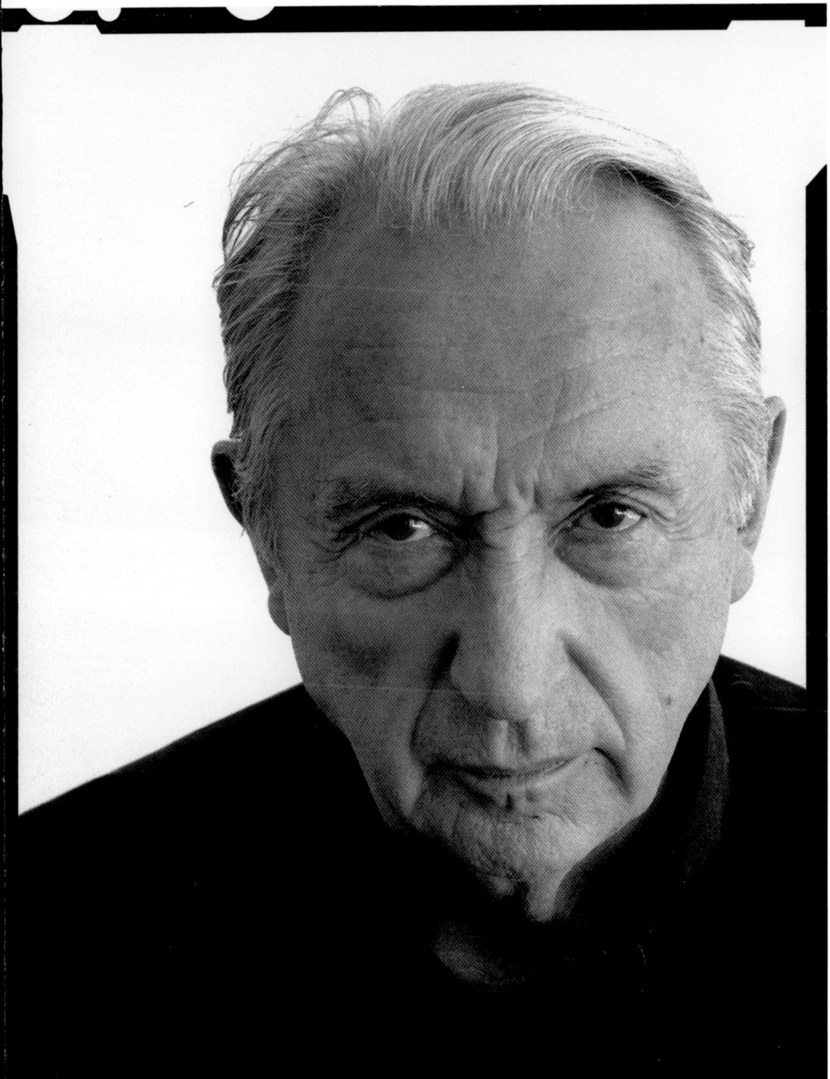

5. Pierre Soulages. Sète (Francia), 1996

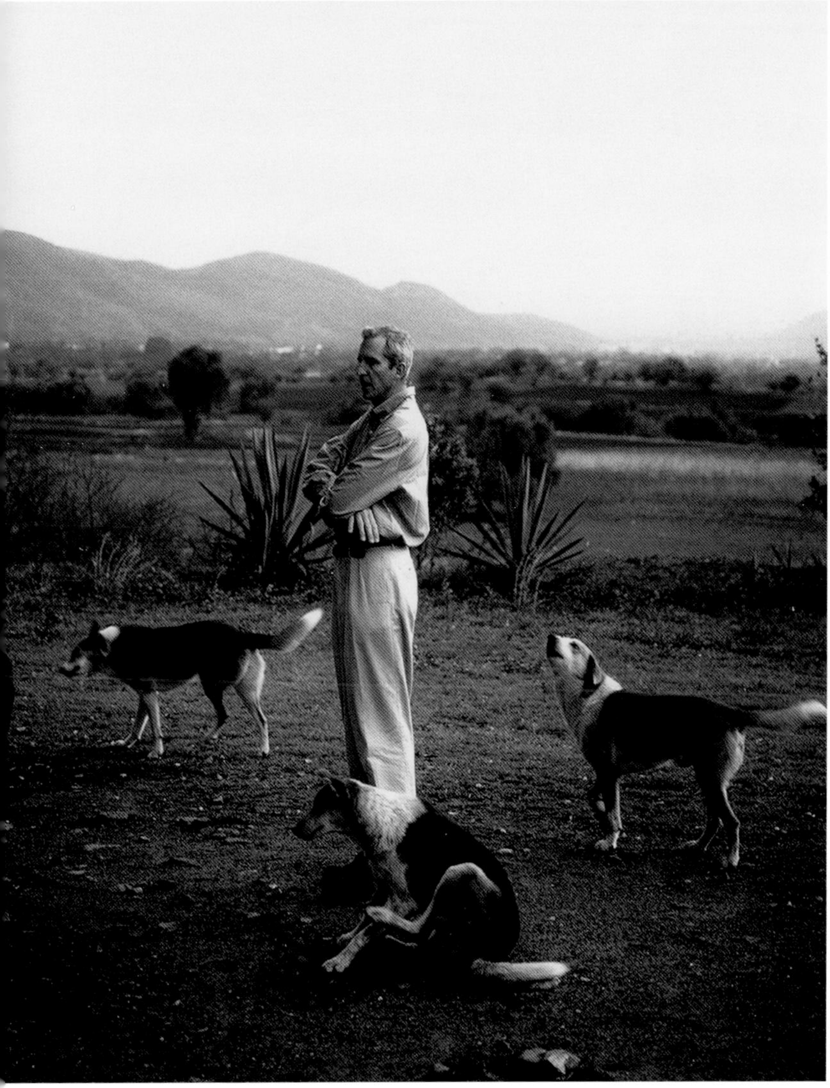

6. James HD Brown. Oaxaca (México), 2000

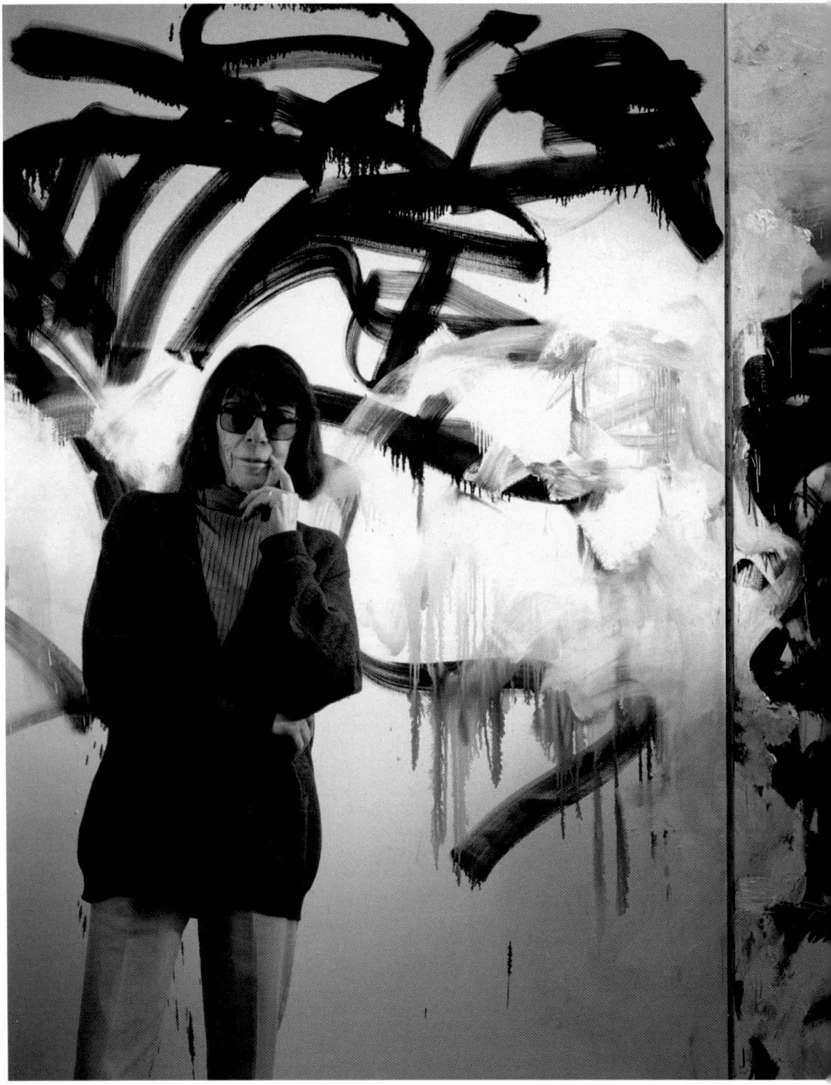

27. Joan Mitchell. Vetheuil (Francia), 1992

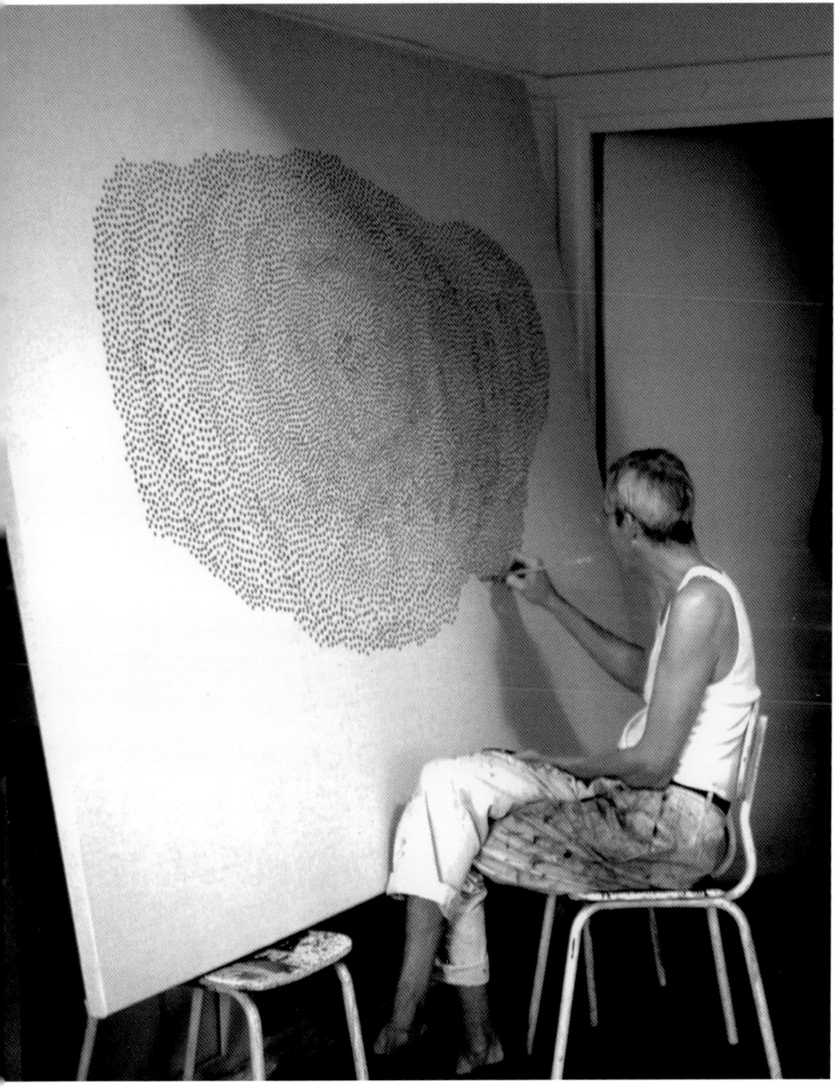

28. James HD Brown. París, 2004

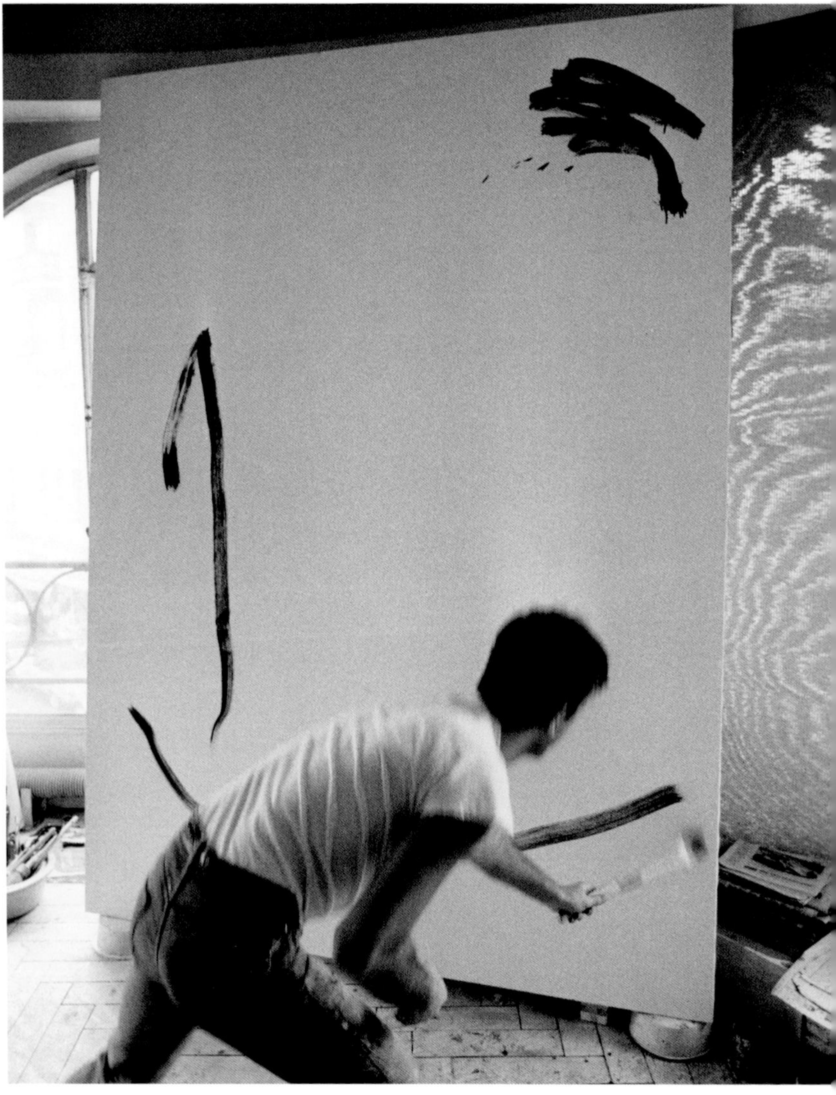

29. Miguel Ángel Campano. Montreuil (Francia), 1983

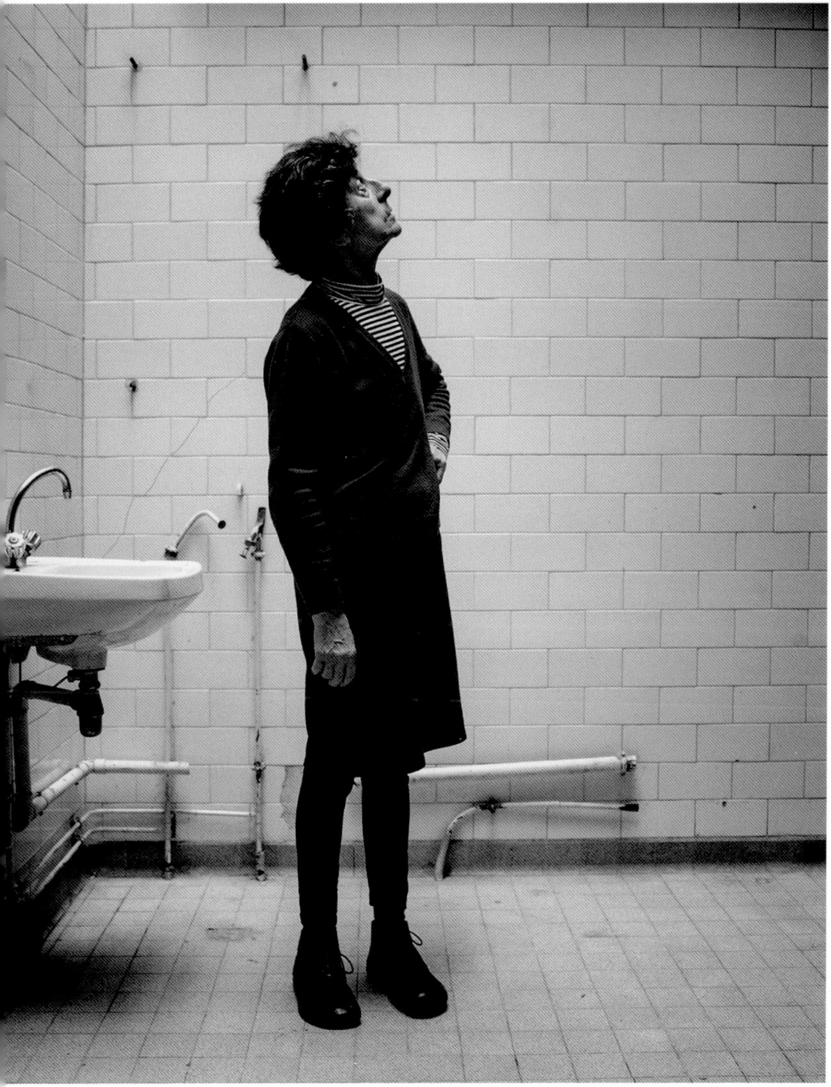

0. Esther Ferrer. París, 2018

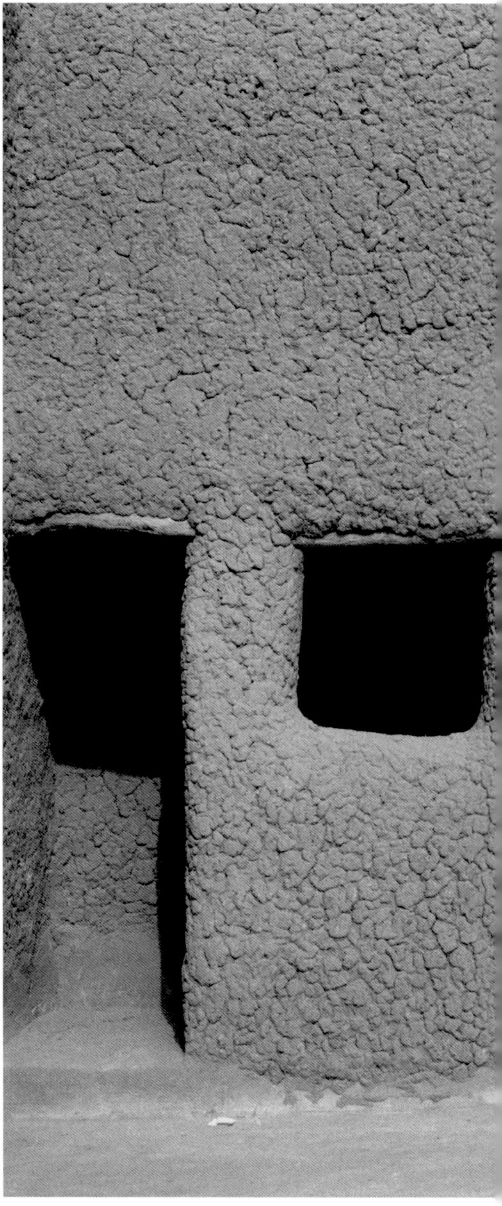

31. Miquel Barceló. Gao (Malí), 1988

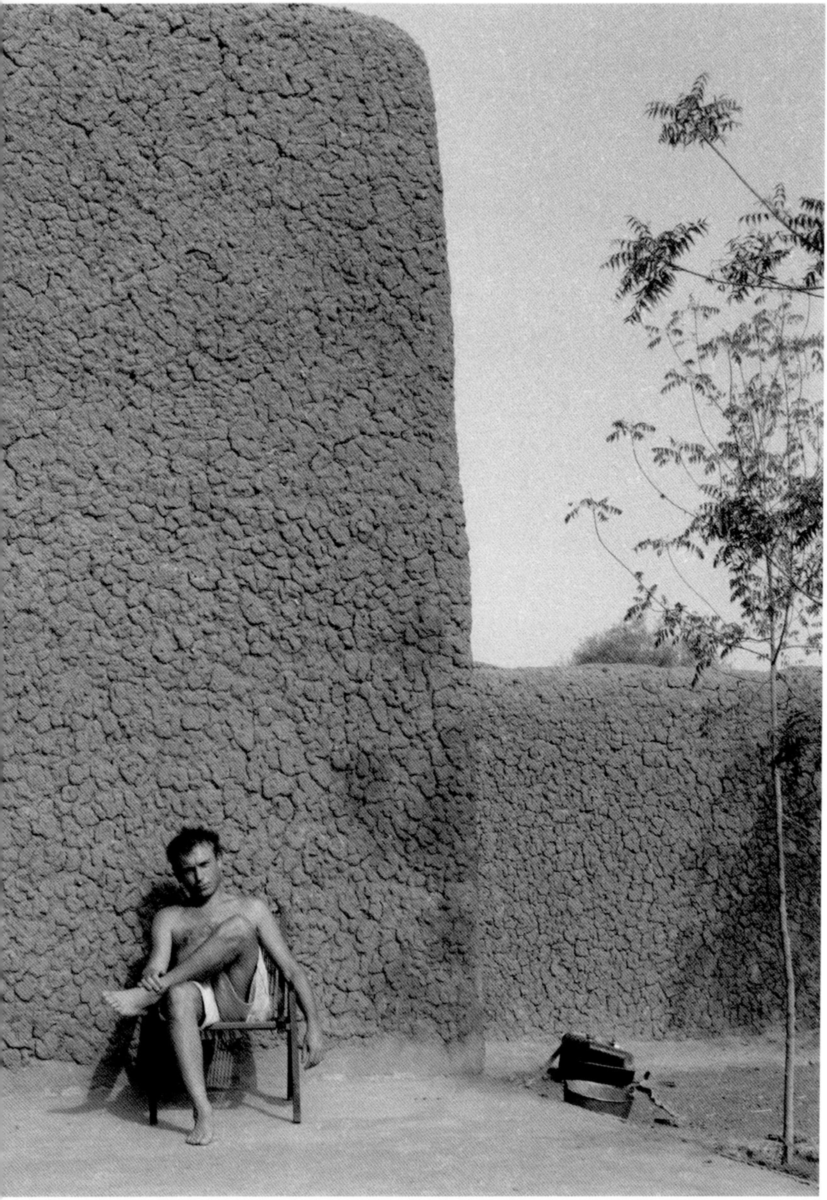

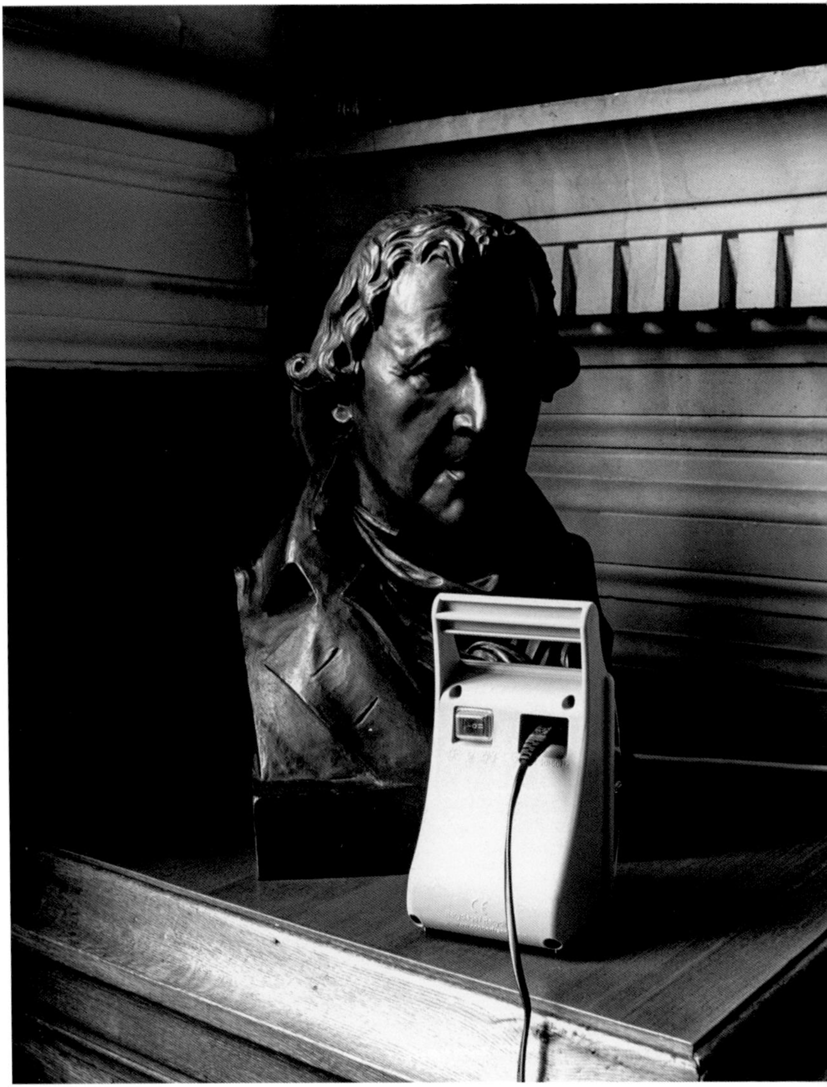

32. Escuela de Bellas Artes de París, 2010

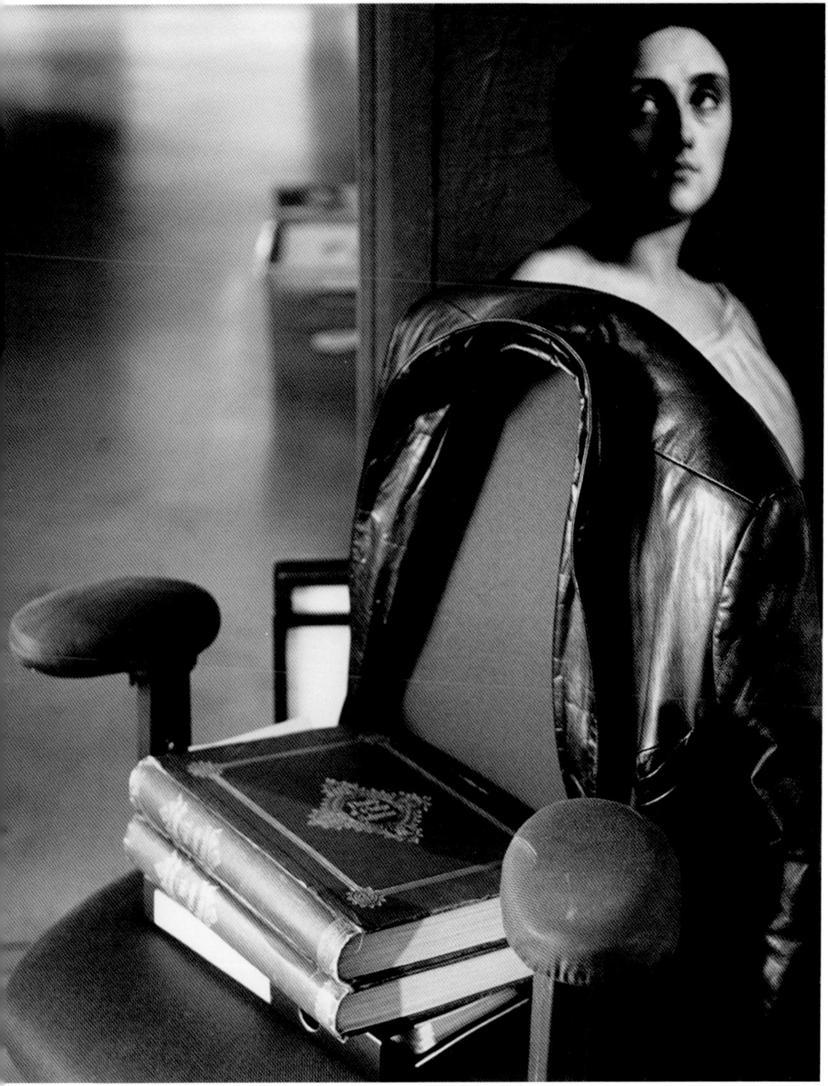

3. Estudio de Wim Delvoye. Gante (Bélgica), 2010

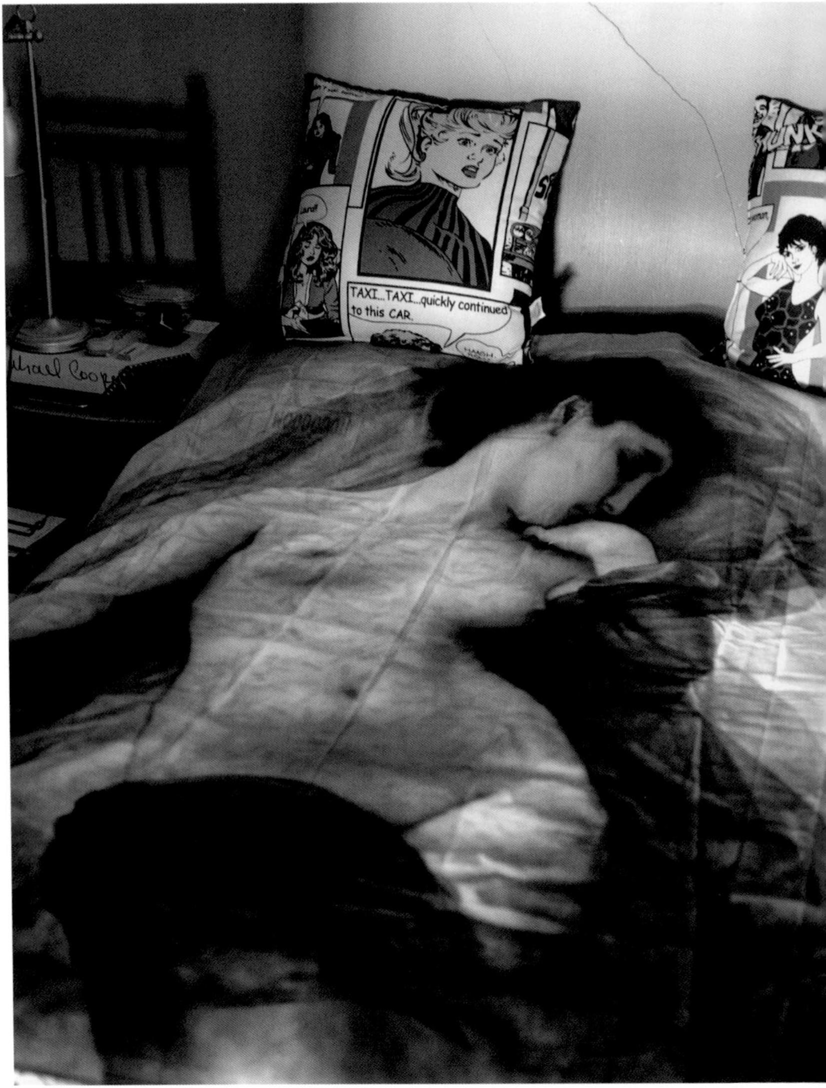

34. Casa de Antonio Pérez. Cuenca, 2016

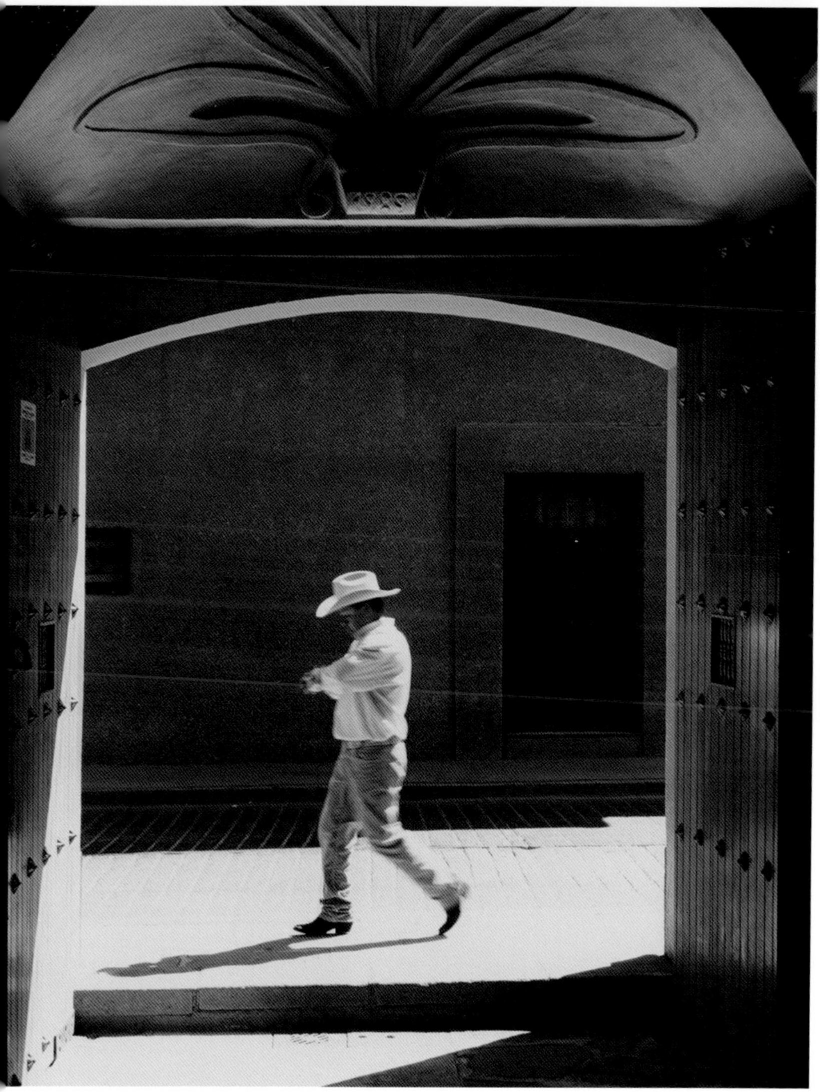

Oaxaca (México), 2002

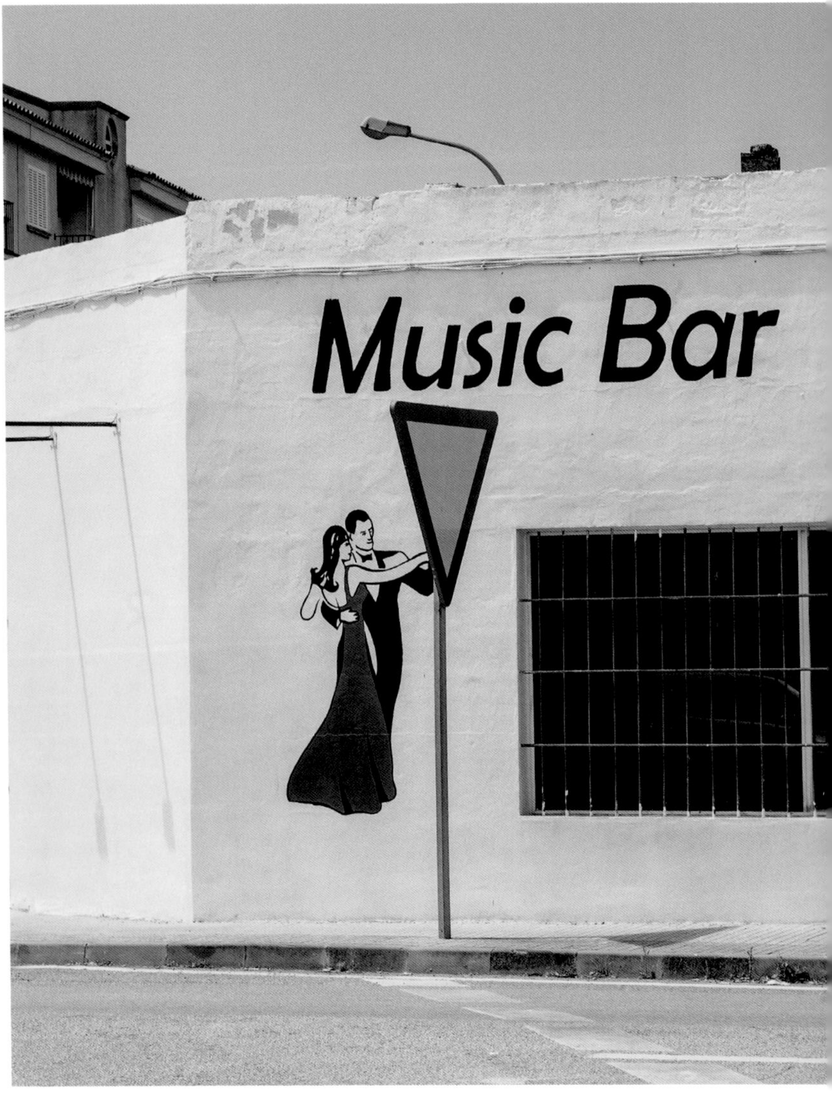

36. Campos (Mallorca), 2015

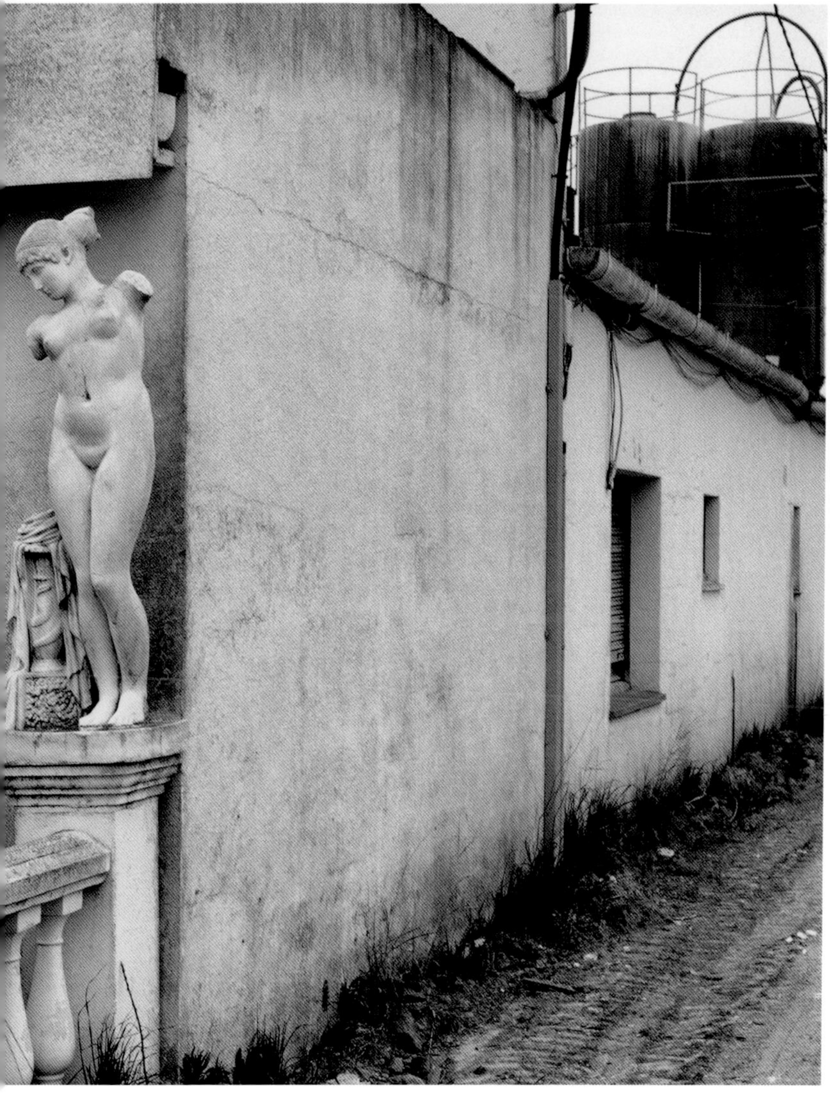

⁷. La Bisbal (Girona), 2007

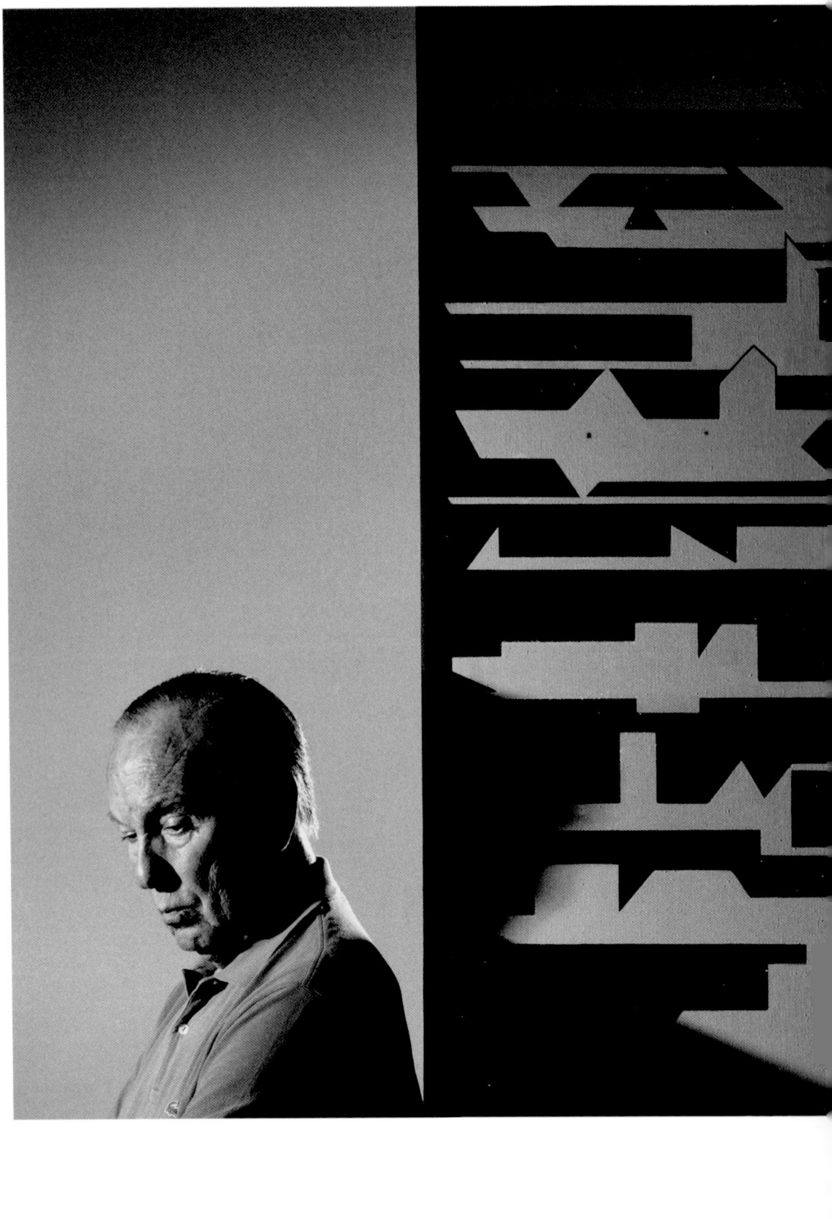

38. Pablo Palazuelo. Galapagar (Madrid), 1991

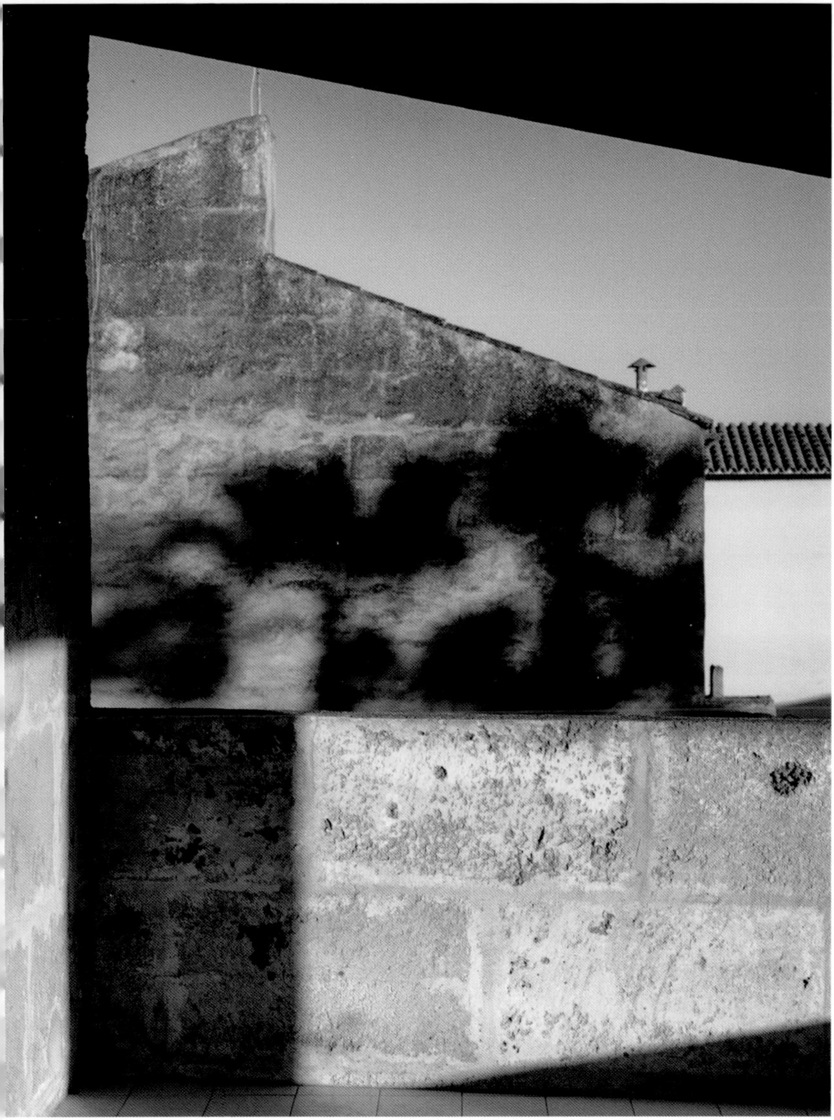

39. Ses Salines (Mallorca), 2015

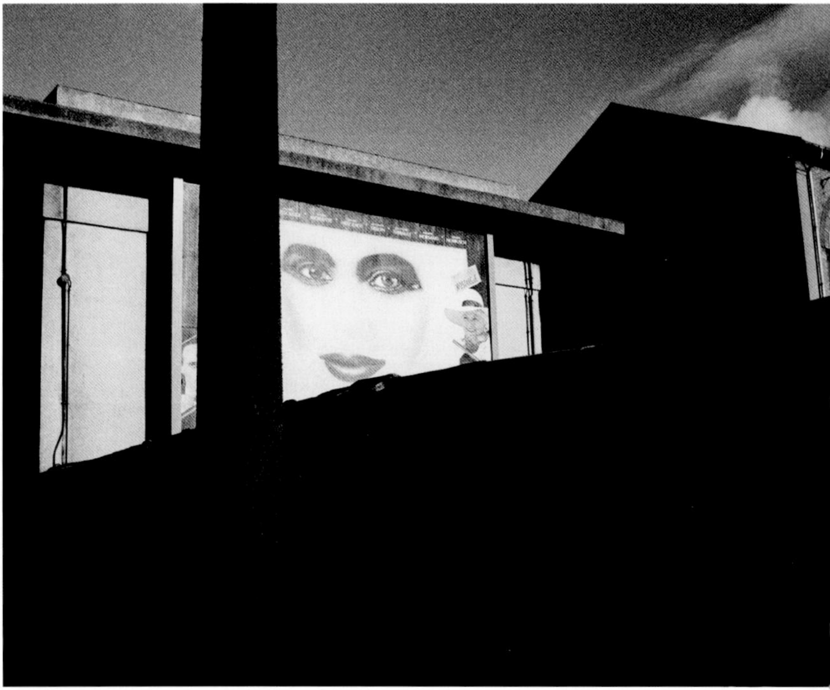

40. París, 1991

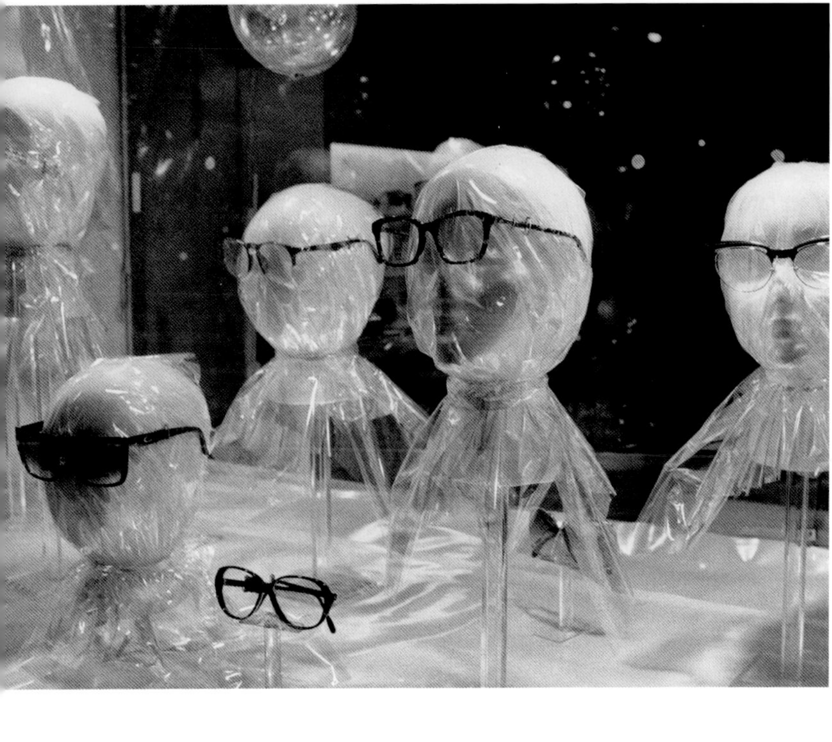

41. Nueva York, 1983

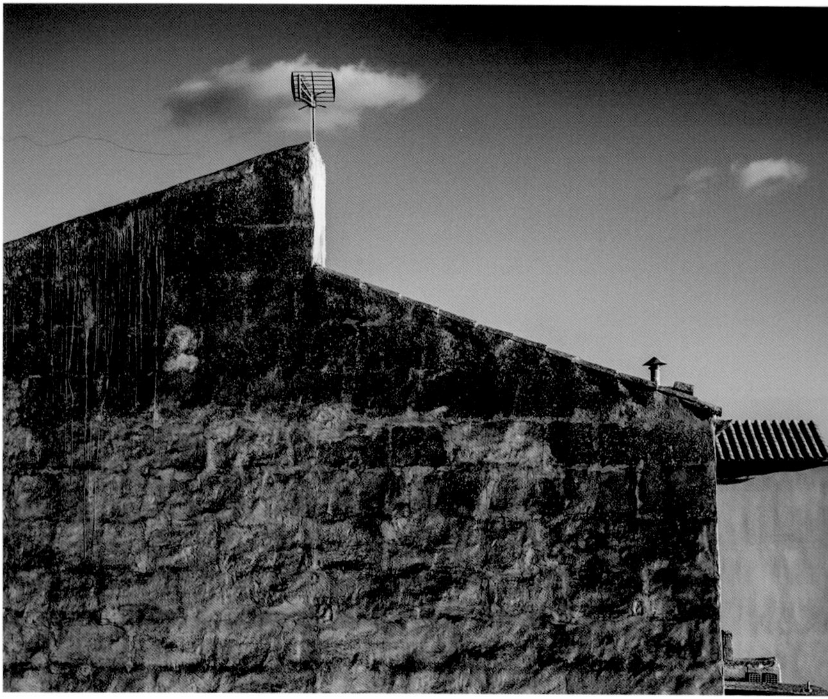

42. Ses Salines (Mallorca), 2013

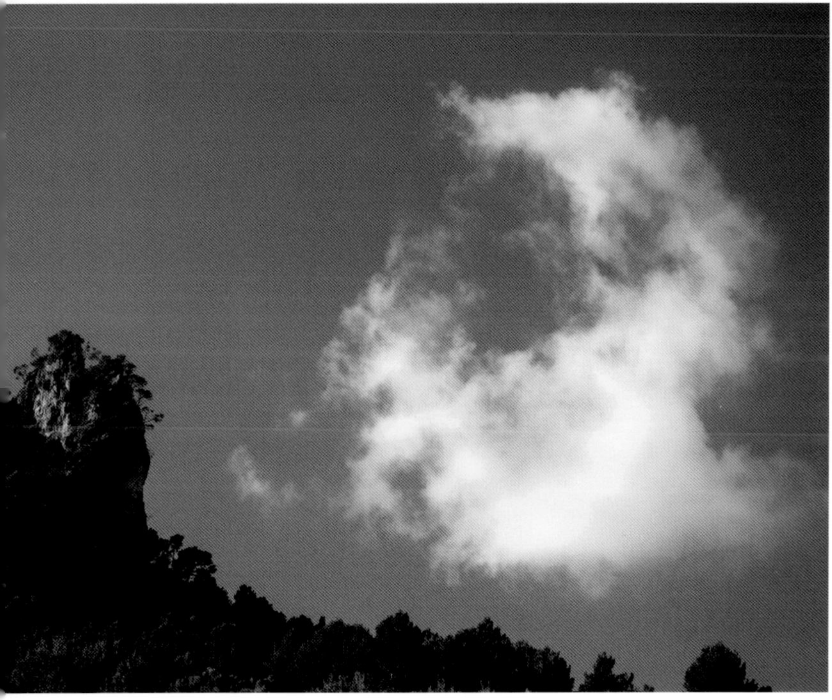

3. Lluc (Mallorca), 2014

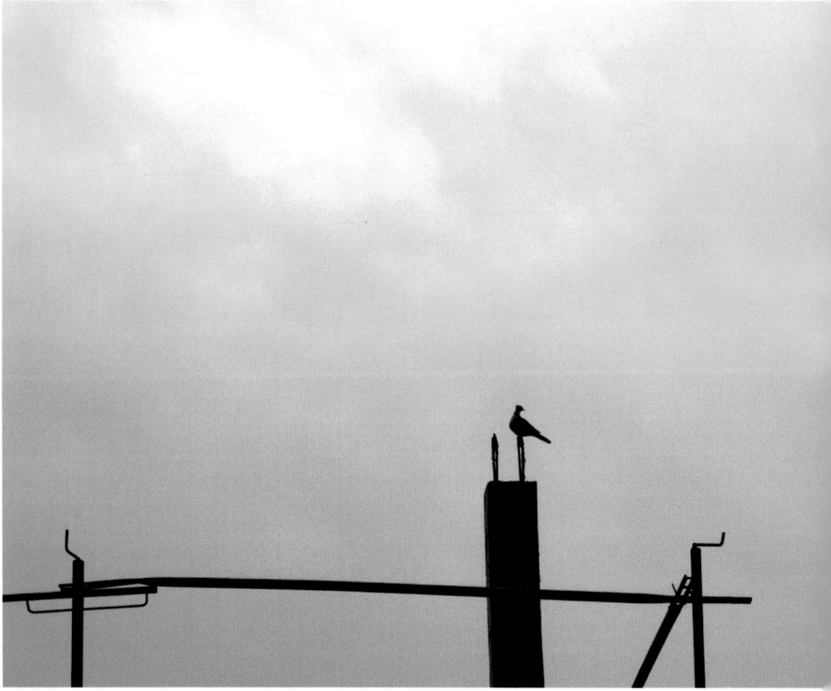

44. Ses Salines (Mallorca), 2018

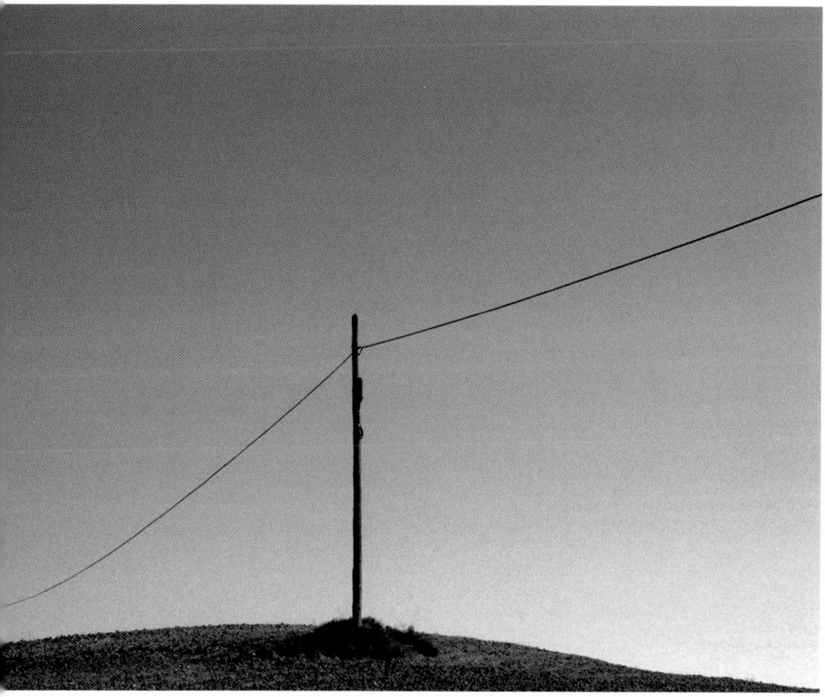

6. Cuenca, 2004

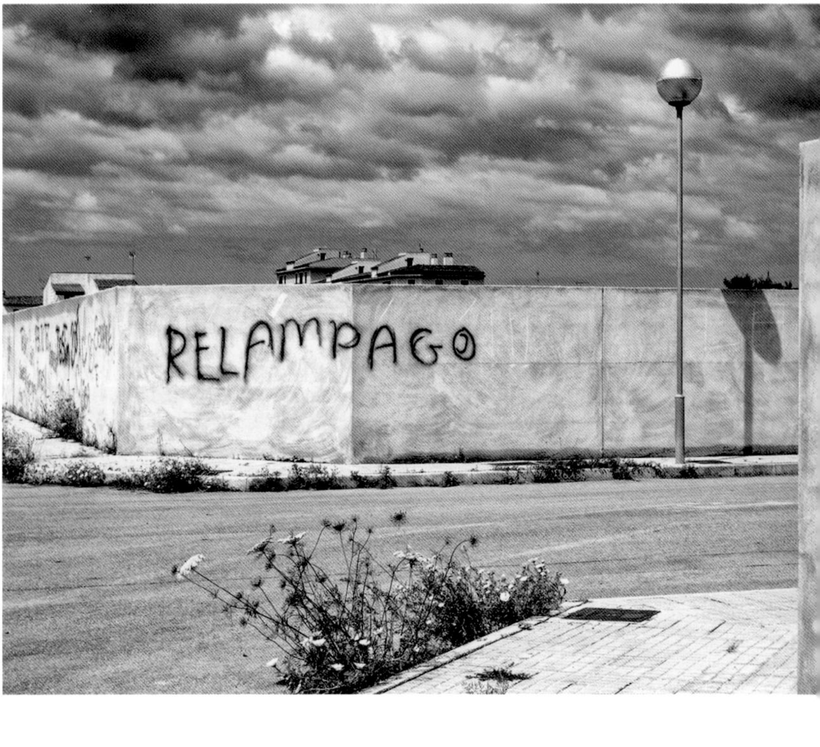

46. Campos (Mallorca), 2014

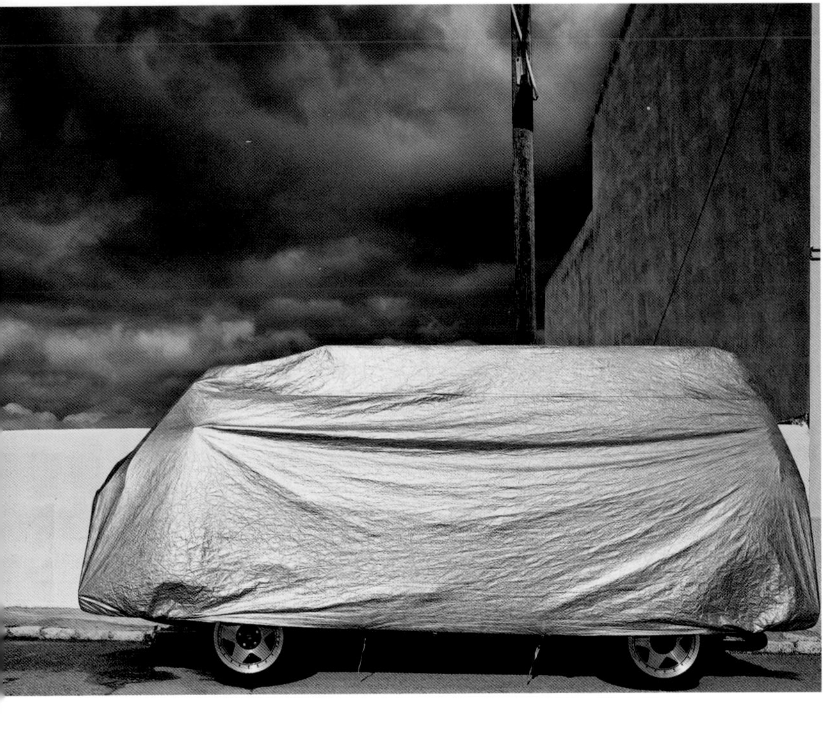

7. Ses Salines (Mallorca), 2013

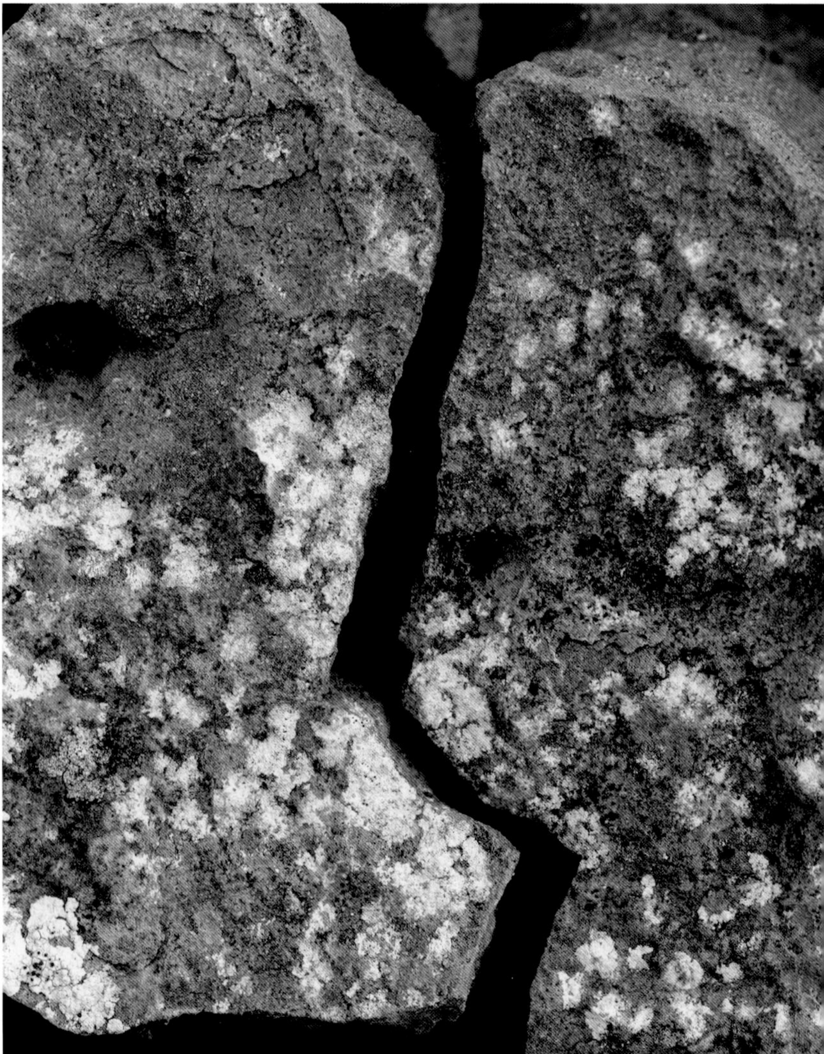

48. Ses Salines (Mallorca), 2013

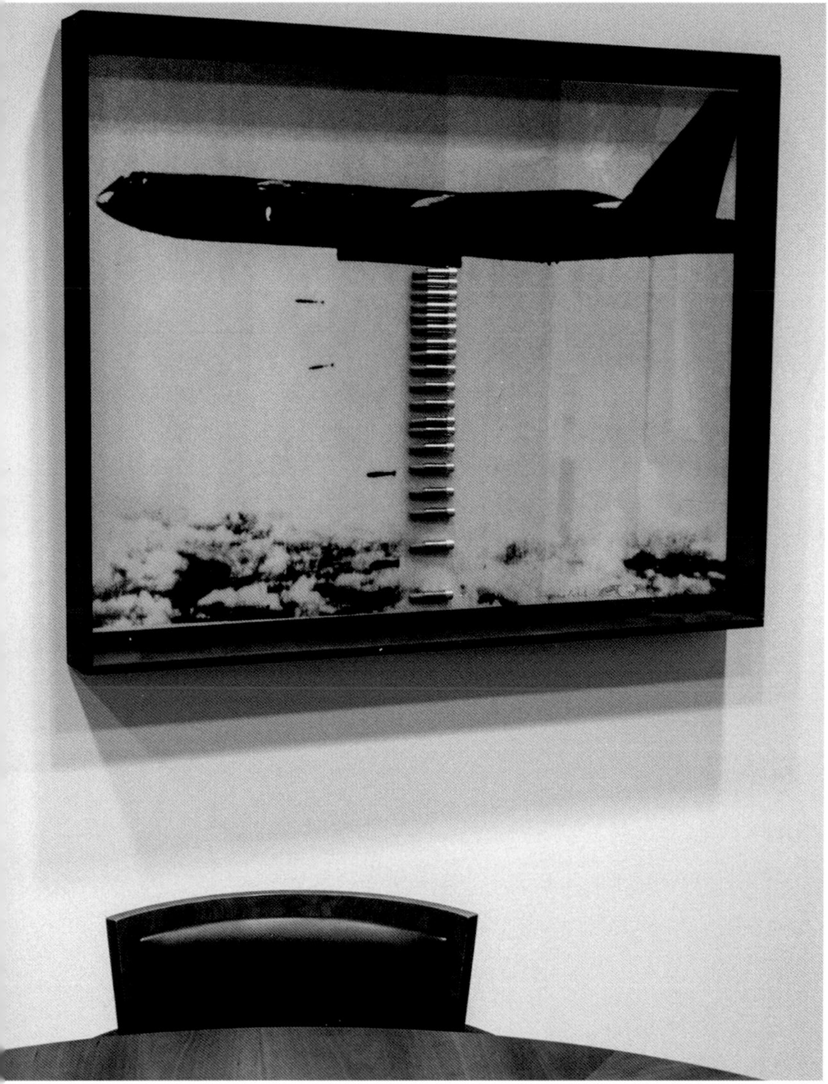

9. Berlín, 2001

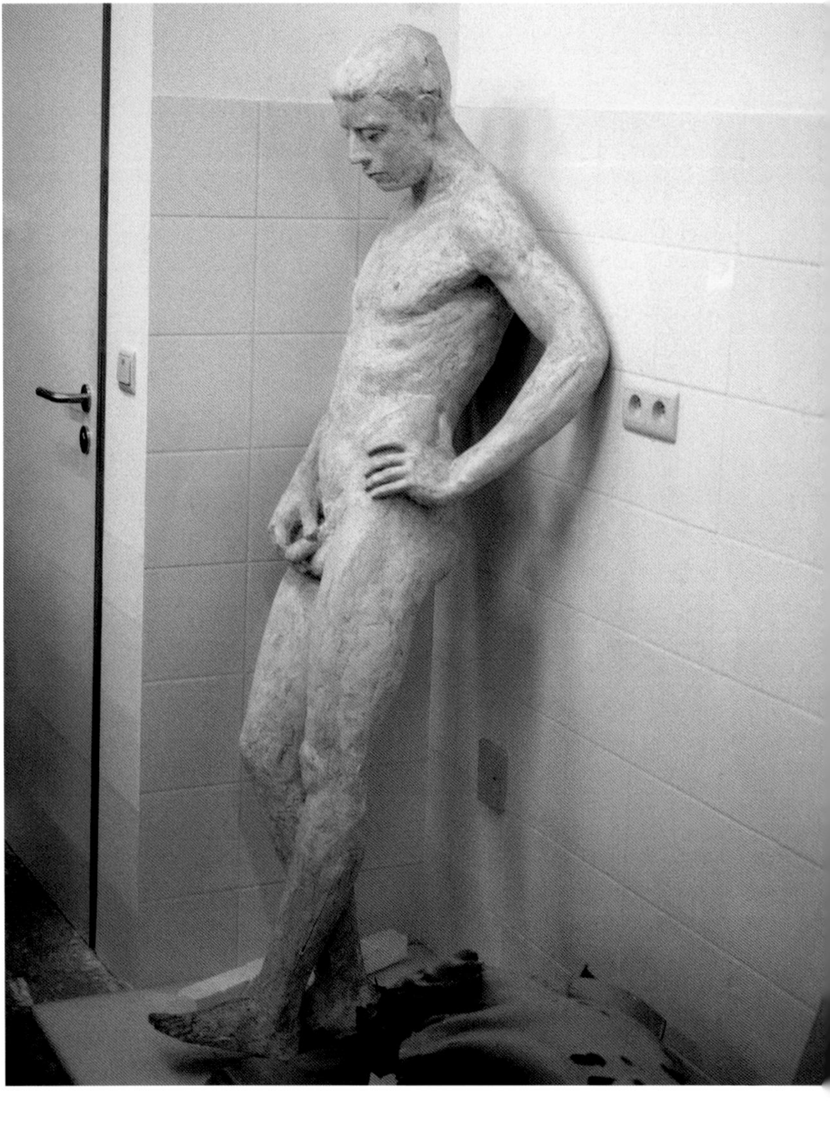

50. Estudio de Wim Delvoye. Gante (Bélgica), 2010

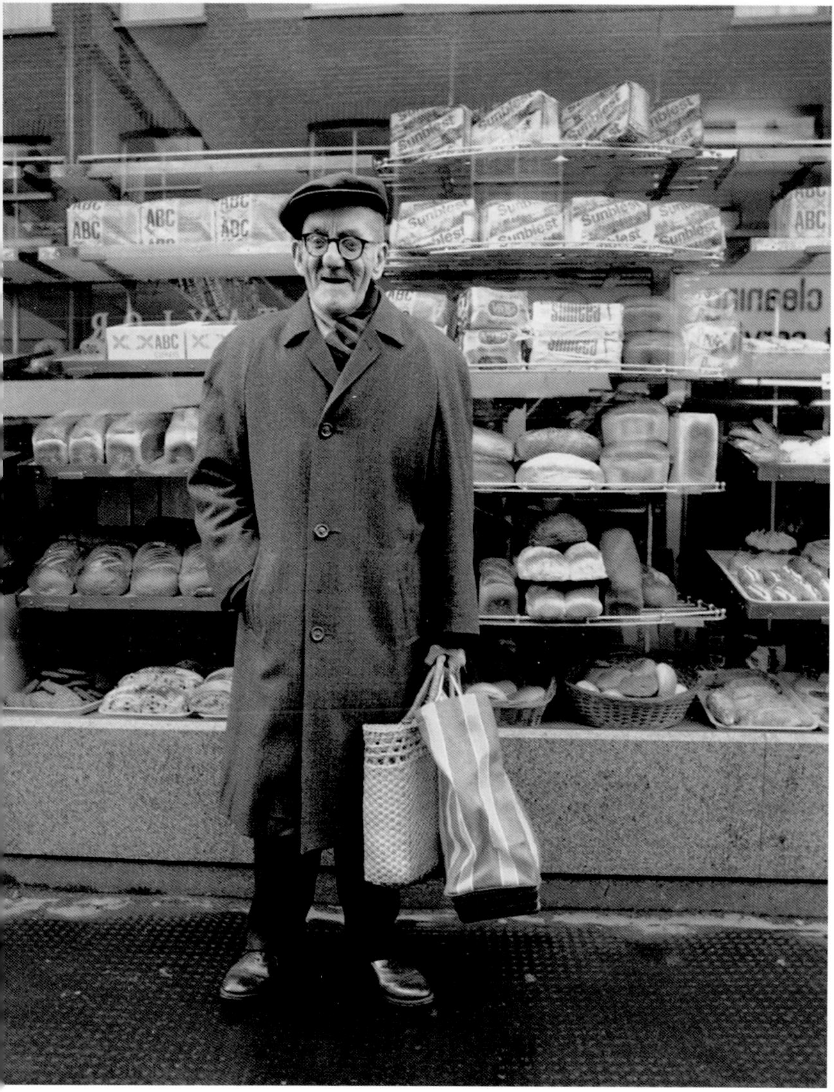

51. Londres, 1973

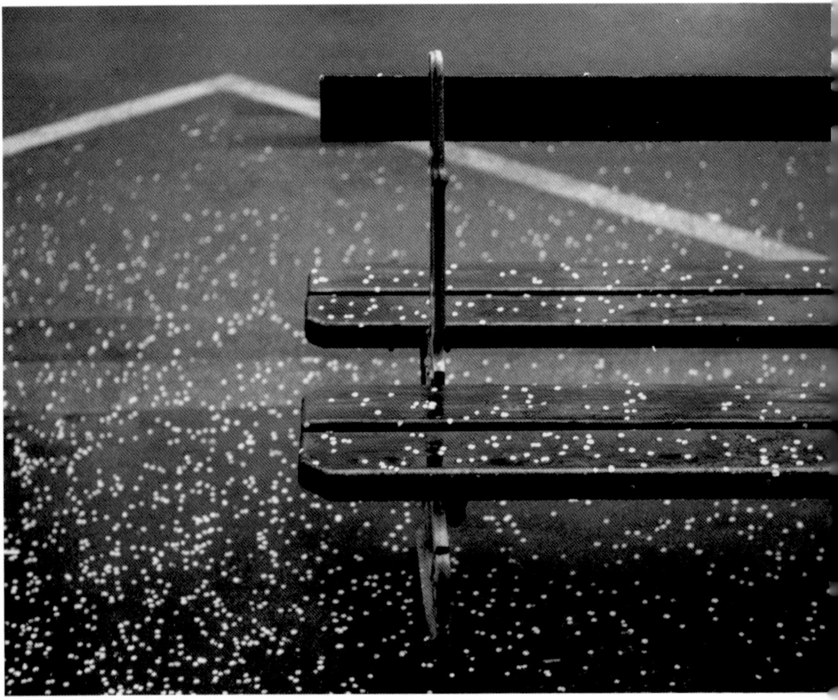

52. París, 2010

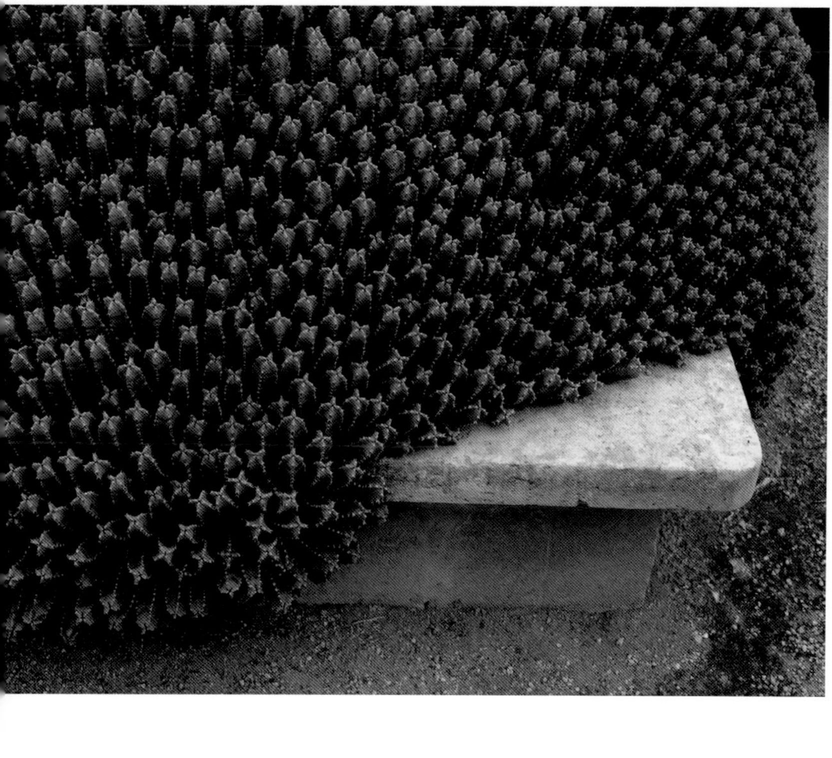

3. Ses Salines (Mallorca), 2014

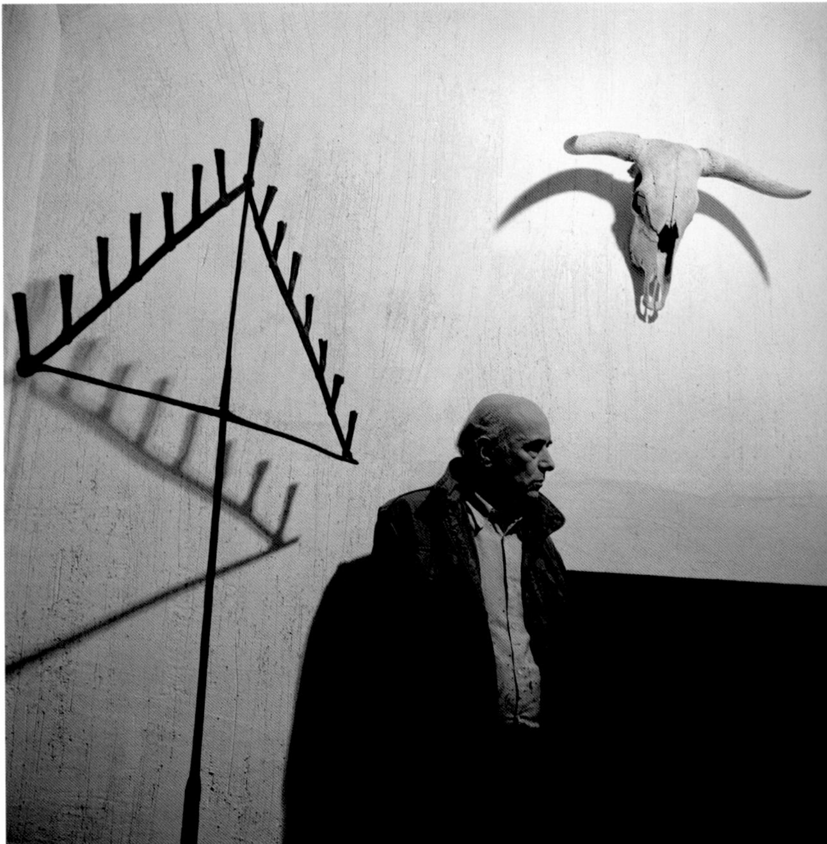

54. Antonio Saura. Cuenca, 1990

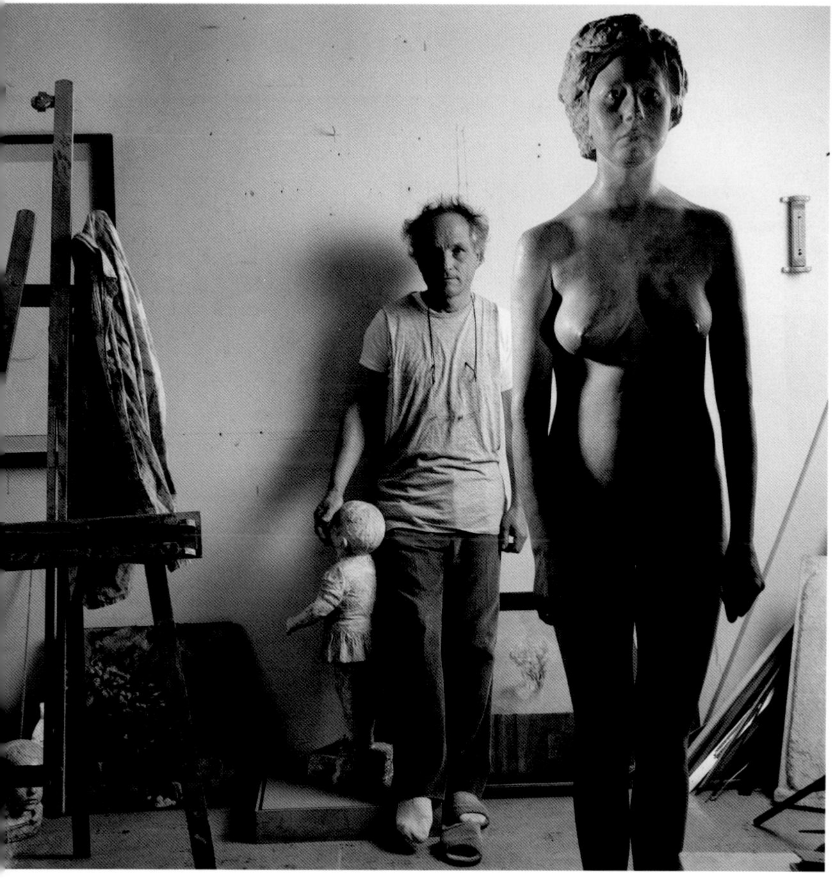

5. Antonio López García. Madrid, 1993

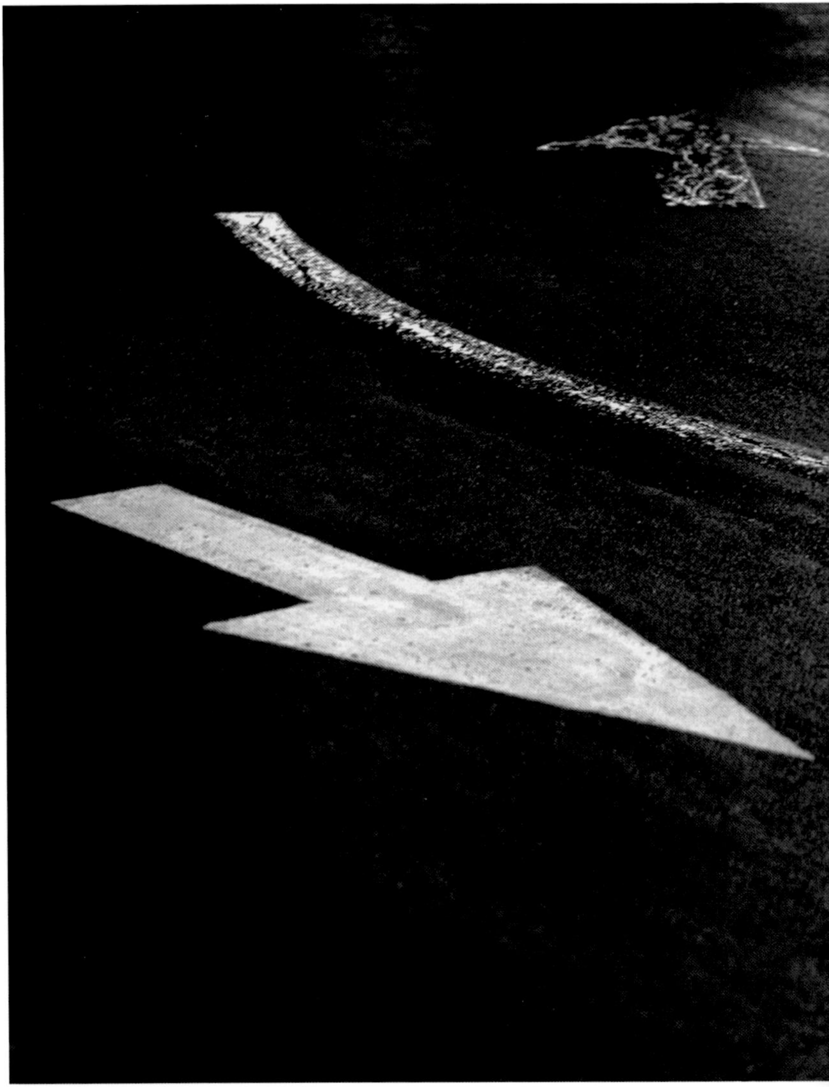

56. Nueva York, 2012

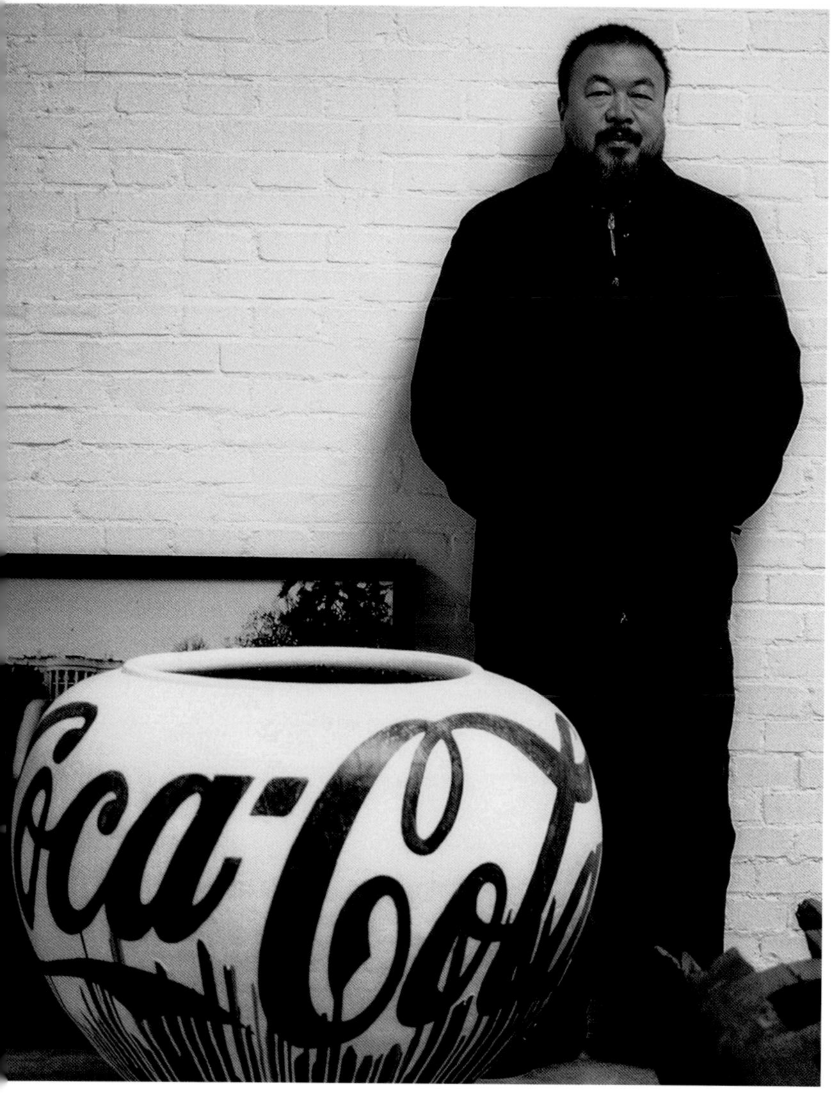

. Ai Weiwei. Pekín, 2008

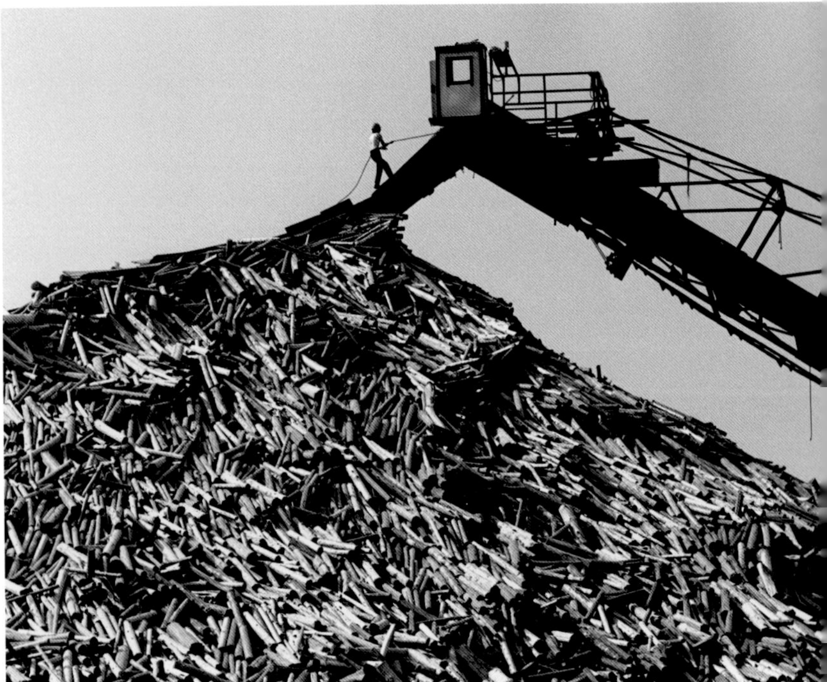

58. Trois-Rivières (Canadá), 1975

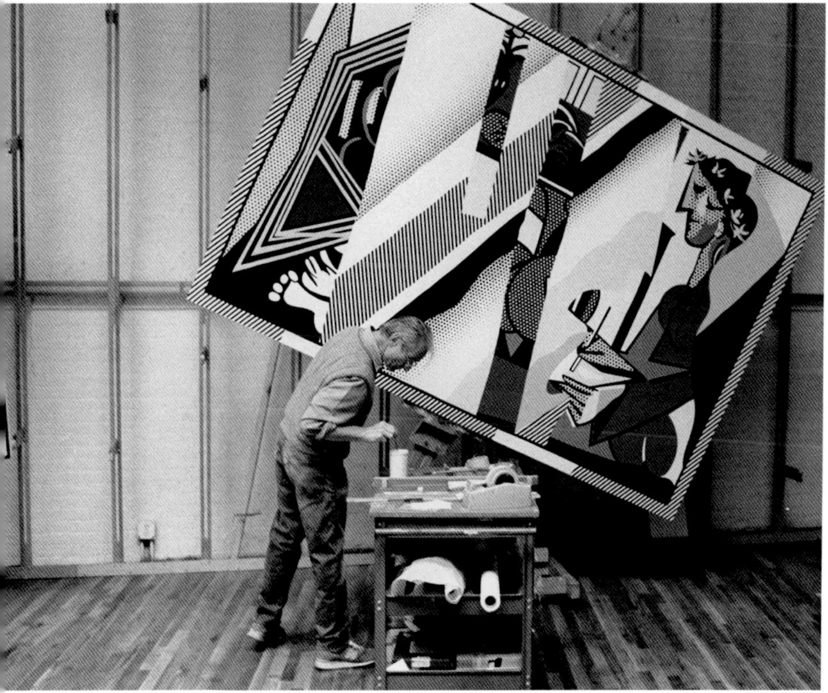

9. Roy Lichtenstein. Nueva York, 1990

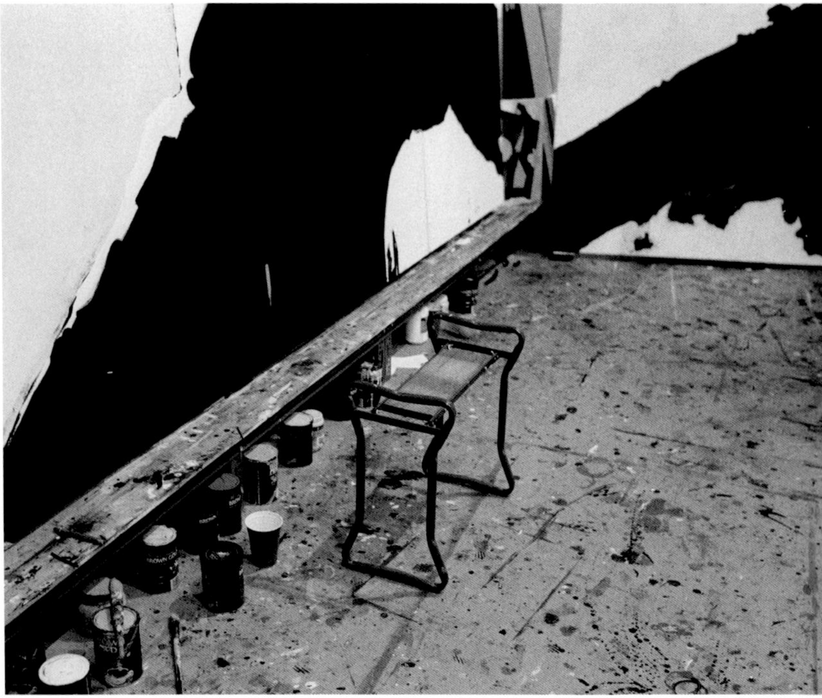

60. Estudio de Robert Motherwell. Greenwich (Estados Unidos), 1991

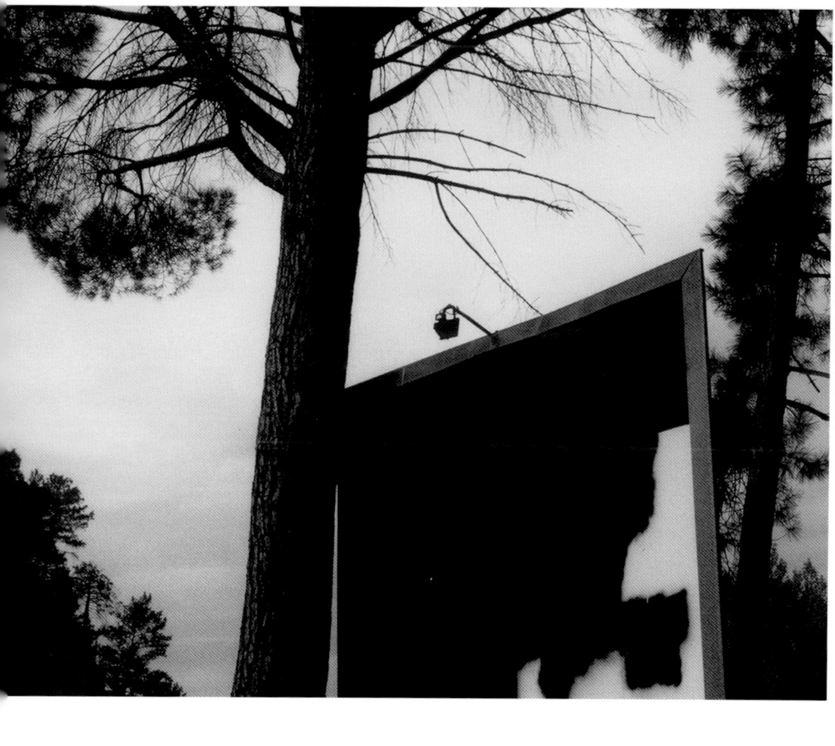

1. Cuenca, 2006

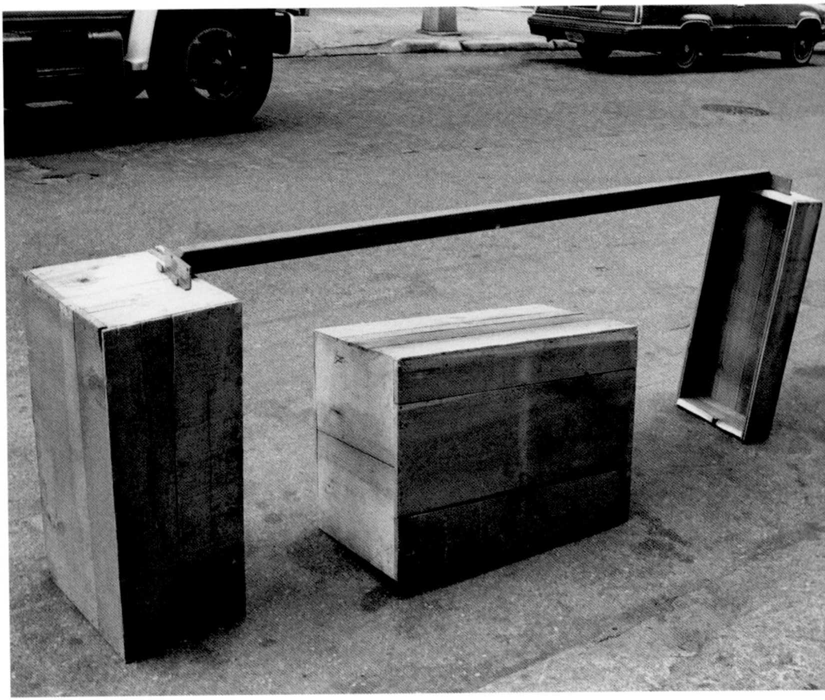

62. Nueva York, 1981

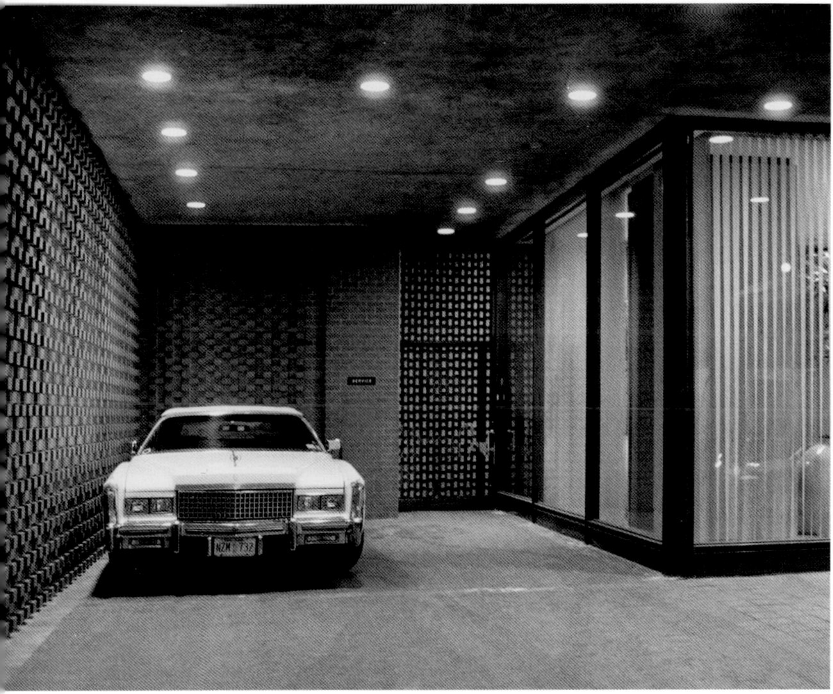

63. Nueva York, 1986

64. París, 2010

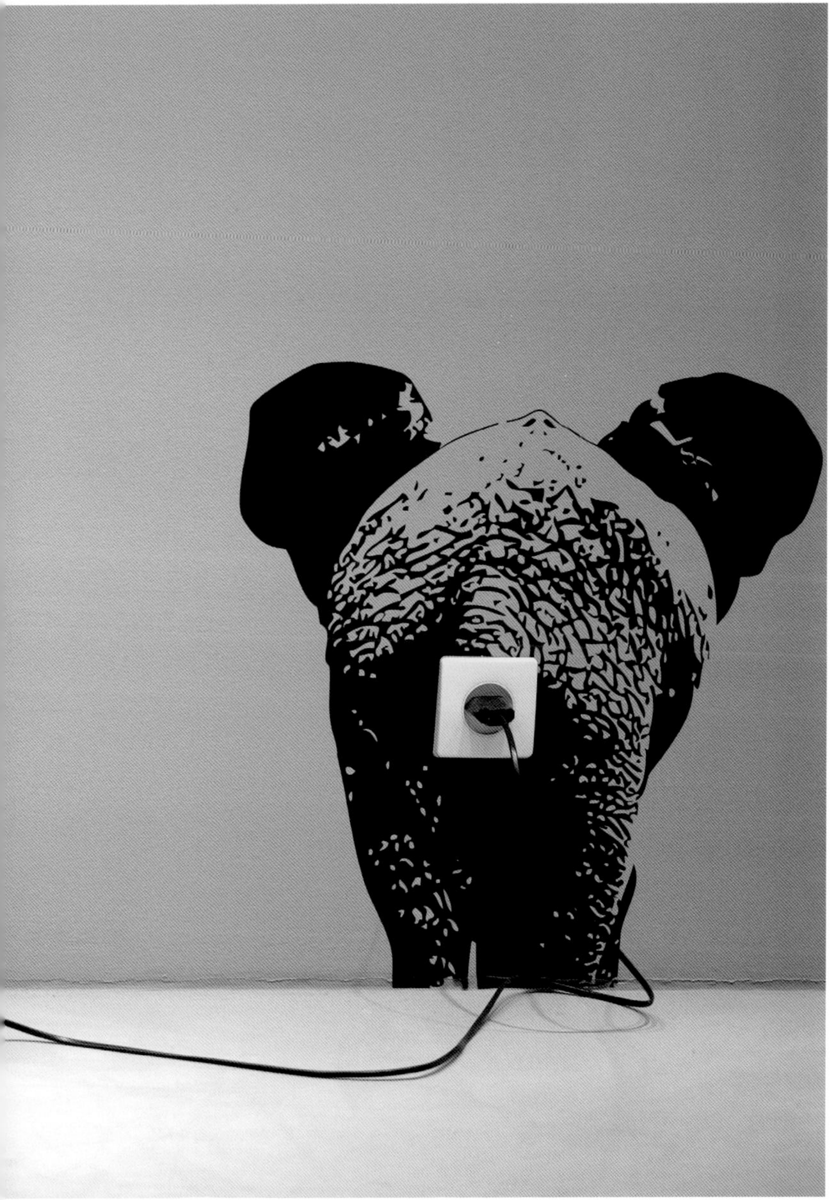

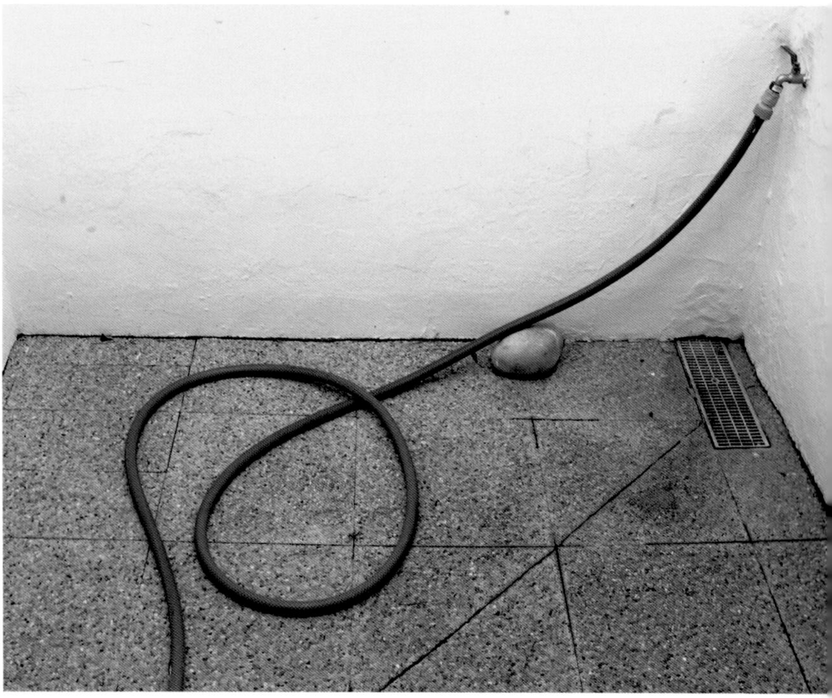

65. Estudio de Erwin Bechtold. Ibiza, 2015

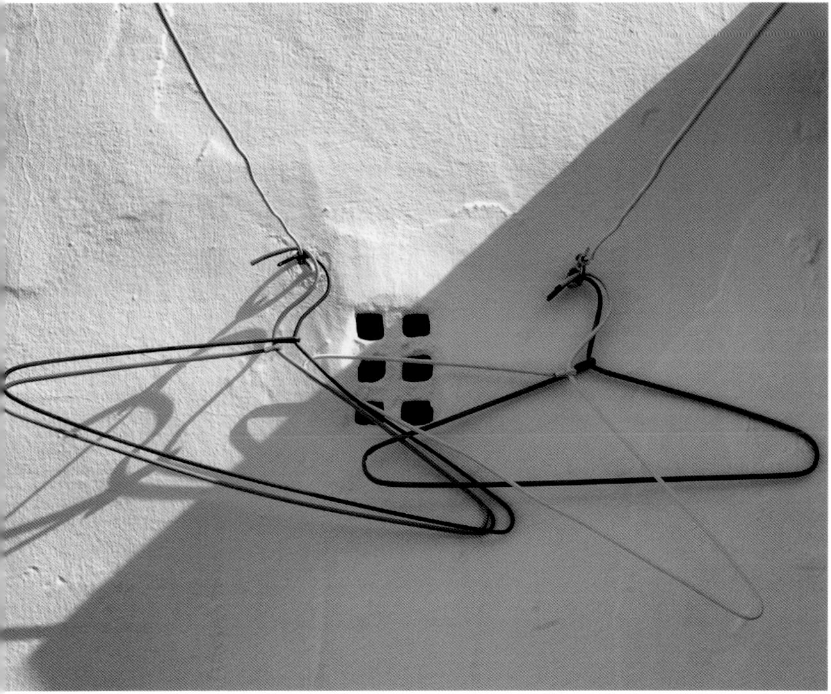

66. Ibiza, 2015

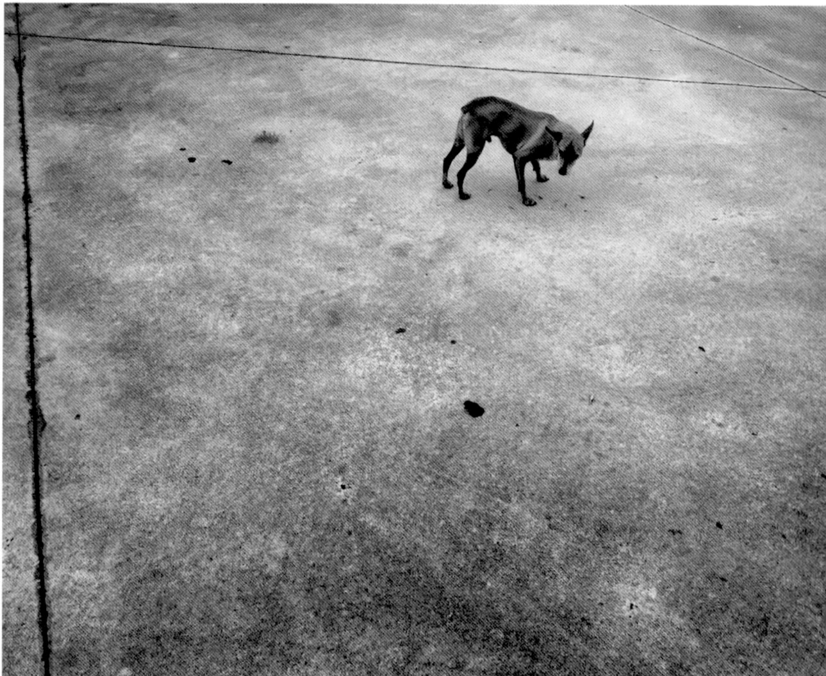

67. Ses Salines (Mallorca), 2017

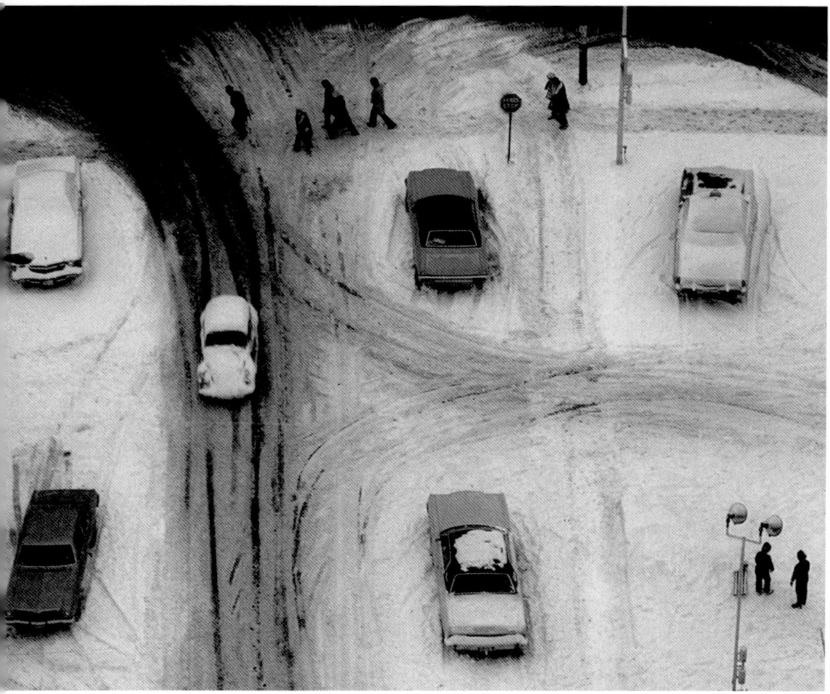

8. Montreal (Canadá), 1975

Cronología

1952	Nace en Montoire-sur-le-Loir (Francia). Es hijo de exiliados republicanos españoles.
1966	Deja la escuela con catorce años. Comienza a trabajar como ayudante de fotografía en la SFENA, gran empresa de ingeniería aeronáutica.
1968	Realiza sus primeros reportajes gráficos sobre eventos deportivos locales y protestas obreras.
1972	Se integra como reportero gráfico en *L'Humanité*.
1974	Se muda a Canadá. Realiza fotografías industriales.
1976	Trabaja como fotógrafo de plantilla en el film oficial de los Juegos Olímpicos de Montreal.
1978	Regresa a Europa. Realiza reportajes gráficos para *L'Humanité Dimanche*. Conoce a Joan Miró. Viaja a la Unión Soviética.
1979	Realiza reportajes gráficos para *Fortune Magazine* y *Town & Country*.
1980	Conoce a Apel·les Fenosa. Retrata a los artistas españoles de la Escuela de París. Viaja a China.
1985	Conoce a Miquel Barceló, James HD Brown y Richard Texier. Realiza reportajes gráficos para *El País Semanal* y *Vogue*.
1988	Realiza en Gao (Malí) su serie de fotografías sobre Miquel Barceló. Expone en los Rencontres de la Photographie d'Arles (Francia), en la galería Eude de Barcelona y en la galería 4Gats de Palma.
1990-00	Retrata a Robert Motherwell, Julian Schnabel, George Condo, Anh Duong, Roy Lichtenstein, Sam Francis, Joan Mitchell, Frank Stella, Robert Indiana, Jean Paul Riopelle, Pierre Soulages, Pierre Alechinsky, James HD Brown, Francisco Toledo y Sergio Hernández. Viaja a Asia, Estados Unidos, México, África, Turquía, Rusia, Corea y por toda Europa.
2003	Expone en la galería Suzanne Tarasieve, París.
2004	Publica el libro *Barceló*, con texto de Patrick Mauriés.
2006	Expone en la Fundación Apel·les Fenosa, El Vendrell (Tarragona).
2008	Retrata a Ai Weiwei, Yue Minjun, Zhang Xiaogang y Zeng Fanzhi en Pekín. Expone en el Museo de Obra Gráfica de San Clemente (Cuenca) y en la Teloglion Foundation, en Atenas.
2012	Se afinca en Ses Salines (Mallorca).
2015	Publica el libro *El ojo de Miró*, con texto de Joan Punyet Miró. Expone en la Fundació Pilar i Joan Miró y en Es Baluard, Palma, y en la Fundación Belondrade, La Seca (Valladolid).

2016-17 Retrata a Alex Katz, Francesco Clemente, Erwin Bechtold, Donald Baechler, Luis Feito, Alexandre Hollan, Rafa Forteza y Marina Abramovic. Publica *Brindis. 26 retratos de artistas españoles*. Expone en la Cartuja de Valldemossa (Mallorca), en la Fundació Forvm, Tarragona, y en el Club Matador, Madrid. Expone *Retratos de artistas españoles 1978/2017* en el CICUS Universidad de Sevilla. Trabaja en la serie de paisajes abstractos «Campos de Campos».

2018 Tienen lugar las exposiciones *Carte Blanche a Jean Marie del Moral* en Es Baluard, Palma, y *Jean Marie del Moral. Entre artistas* en Tabacalera Madrid. Expone *Fotografías 1972/2017* en el hotel One Shot de Madrid.

Bibliografía (selección)

1991 *Richard Texier*. Aaltus Cassendi, París.

1994 *Ateliers* (con texto de Gerard de Cortanze). Éditions du Chêne, París.

2000 *La maison des peintres*. Flammarion, París.

2002 *Cajun*. Flammarion, París / Rizzoli, Nueva York.

2003-04 *Barceló* (con texto de Patrick Mauriés). La Fábrica, Madrid / Thames & Hudson, Londres / Actes Sud, París / Steidl, Gotinga (Alemania).

2007 *Antonio Pérez* (con texto de Juan Marsé). La Fábrica, Madrid / Fundación Antonio Pérez, Cuenca.

2007-08 *Camondo, la demeure d'un collectionneur*. Musée des Arts Décoratifs, París / Thames & Hudson, Londres.

2015 *El ojo de Miró* (con texto de Joan Punyet Miró). La Fábrica, Madrid / Fundació Pilar i Joan Miró, Palma.
L'ull Gaudí (con texto de Biel Mesquida). Edicions Seu de Mallorca, Palma.

2016 *Brindis* (con texto de Catherine de Montalembert). Fundación Belondrade, La Seca (Valladolid).

2017 *Almas de casa* (con texto de Biel Mesquida). Fundación Antonio Pérez, Cuenca.
Jean Marie del Moral, fotografies 1978/2017 (con texto de Pere Antoni Pons). Festival Chopin, Valldemossa (Mallorca).

2018 *Processos 1978/2018* (con texto de Nekane Aramburu). Es Baluard, Museo de Arte Moderno y Contemporáneo de Palma.
Pere Antoni Pons, *Conversaciones con Jean Marie del Moral*. Editorial EnSiola, Muró (Mallorca).

Jean Marie del Moral: The Lord of the Gazes

Biel Mesquida

> *Tant de mains pour transformer ce monde et si peu de regards pour le contempler.*
>
> [So many hands to change this world and so few eyes to contemplate it.]
>
> Julien Gracq

I met the photographer Del Moral before I met the person Jean Marie, and I can honestly say that when Jean Marie came into my life as a friend I relished knowing that the person and the photographer were one and the same. This difficult coherence, so noble and specific, derives from the work of an artist that combines life and camera with a transparency that is both unique and full of light.

Jean Marie del Moral was born in 1952 in Montoire-sur-le-Loir (a village where Hitler and Pétain interviewed each other in 1940 to pact the surrender of the French). He is called Jean Marie because the clerk who was working at the civil registry refused to name him Juan María, like his parents wanted. His Catalonian mother and Andalusian father were both exiled from Spain as a result of the civil war in 1936. His parents and maternal grandparents lived through the horrors of the refugee camps in Argelès-sur-Mer. I've discovered that Jean Marie's childhood is one of the key points in understanding that his sentimental education was born, grown and nourished in a leftwing cultural atmosphere, to say it briefly and truthfully, in which there was a rich abundance of stories, knowledge, images and above all languages, that formed part of this schoolboy's atmosphere who attended French public school and spoke three languages: Catalan with his mother and grandmother, Spanish with his father and French with his brother and sister. In the 11th Arrondissement in Paris, the boy would play in the neighbourhood workshops; that is where he started fixating in his gaze the things that would later become the material of his photographic know-how: gestures, hands, tools, nuances…

He also loved film. He watched everything and joyfully remembers class B westerns with Audie Murphy as the leading actor. In front of his house there was a photography shop, the Studio Jean Loup, which had a big shop window in which newlyweds would forever smile and the children who had made their first communion all seemed to be touched by the divine grace because of the strength of the powerful black-and-white coloring. He was fascinated by that shifting shop window.

When he was fourteen years old he received a prize for French writing at school, which consisted in a book. When he had to choose, he picked *Provence Noire* without wavering, because his desire was profoundly moved by Picasso's cover and Gilles Ehrmann's photos. There are photographs of landscapes and portraits by Picasso and Braque in the book. "I was extremely fascinated by those landscapes and portraits." With this book, the teenager discovered a poetic type of photography, unique, not documental, touched by a profound literary bend that captures hidden beauty with a soft poetic tone, humility and emotion within the world's banality.

I can imagine young Jean Marie, years later and now a man, taking photographs for the newspaper *L'Humanité*. Yes, said newspaper had already been a part of the left-wing political exiles' family atmosphere, and his father had hung two images, in which memory and the colour black were predominant, on the kitchen wall in Charonne Street: a postcard of the *Guernica* by Picasso and a newspaper clipping with a picture of the *Elegy to the Spanish Republic* series by Robert Motherwell (one day, when he painted his portrait in his studio in Connecticut, he told him this anecdote, which delighted Motherwell. They ended up toasting with Bordeaux wine). Growing up with these works of art was also an essential part of his thought process and, above all, his perception, in which poetic semiotics, full of simultaneous meanings, comes from the simplest austerity, from the starred precariousness in the details or, at times, from a certain abstraction produced by intentional excesses in the intensity of an object's shot, of an object's natural state.

In *L'Humanité* Jean Marie made photographic reports, portraits, sport photographs, etc., in which snapshots are essential. Said practice was for him a university of practical and technical knowledge that a photographer must possess in order to take good photos: his photos. He also knows that great technical skill is a part of the trade that he must control so as not to be enslaved by it, and that it is the base on which one can explore, investigate and achieve creative freedom.

The magazine *L'Humanité Dimanche* sent him to Barcelona when he was twenty-six years old to make portraits for an article about intellectuals who opposed Franco's dictatorship and to capture the social euforia and the cultural effervescence in Catalonia after the dictator's death. Jean Marie had just returned to Europe after spending five years between Montreal and New York, where he had worked for magazines such as *Fortune*. He had also been a *set* photographer at the Olympic Games in Montreal and he had photographed industrial cities for the annual reports of multinational companies.

In 1978 Barcelona was a party, with people enjoying the new era without Franco, with café terraces in La Rambla full of euphoria, with conversations that had an air of freedom to them, in the way people dressed and manifested themselves, in the toasts and in the air. It was everywhere. *Morí el Merma* was premiering in the Liceu, a show based on the play *Ubu Roi* by Alfred Jarry and developed by La Claca, a puppet company directed by Joan Baixes. The set, costumes, dolls and giant puppets were created by Joan Miró. Jean Marie photographed the most relevant scenes in the show. The following day he contacted Miró, who was very reluctant to speak to the press; but when Jean Marie told him in his maternal Catalan that he was the son of exiled republicans, and the master understood the fervour he had for his work, he scheduled him in Palma. He received him in Son Abrines, the workshop built by Josep Lluís Sert, Miró's friend, an architect and also an exile. The workshop synthesized the Bauhaus' rigor and the white, mediterranean simplicity with its roof which resembled seagulls' wings. For the first time in his life the photographer entered a painter's studio... He was entranced. Miró was engrossed, sitting on a rocking chair. Jean Marie shot him as such. In that magical, warmly lit grotto, full of silence and far-off bird calls, he photographed everything that caught his eye: the basic tools, utensils, objects and paintings that filled the space.

Ever since then, he has not stopped photographing the world of artists, thus trying to show the metamorphosis of their studios and their creative processes. He began with the Spanish painters from the School of Paris, his "creative forefathers" Clavé, Viñes, Lobo, Pelayo and Fenosa, who welcomed him with open arms and told him about their exile, estrangement and struggle. The intermediate generation followed: Saura, López García, Tàpies, Arroyo and Chillida; and, obviously, those of his own generation: Campano, Sicilia, Broto, Plensa and Barceló.

One of the books by Jean Marie that I reread the most is *Barceló* (simultaneously published in 2004 by Thames and Hudson, La Fábrica, Actes Sud and Steidl), which gathers twenty years of work by the Majorcan artist with intensity, beauty and bountiful knowledge concerning the artist that has been captured very seldom since the existence of photography. I will mention the relationship between Hans Namuth and Jackson Pollock as a precedent. The familiarity with Miquel Barceló and the complicity that one art can have with another have created the prodigy. And I will maliciously add that a bit of luck in the objective risks of certain fascinating photographs: those that describe elements in Barceló's work the way they have never been described before.

The *barcelonian* enthusiasm in Jean Marie´s photographs is born from the unquenchable search for the artist's being, from the respect towards the artist, from the love for the artist, his life, his studies, his travels, his poems, his creative hours, his notebooks, his catalysts, the light, the sketches, the walls, the landscapes, the objects, the models, the things, the clothes, the thousands of details...

The photographer inspires the excitement of seeing Miquel create in front of our eyes, always from a distance so that we can have a perspective of the proportions, always varying the frames so as to underline one shape or another in the work, always with new views that shy away from redundancy and that, above all, always have a living tenderness and passion that I believe is one of Jean Marie's most central values. And said exploration is a journey: Barceló, the book, the passage of time. "Before leaving Miquel's house, in Gao, in front of the Niger River, I suggested taking his photograph while he sat in front of the house, on a plastic armchair, the rising sun shining on his face, his eyes closed halfway, his legs crossed and his left arm swinging." An invisible truth that the photograph reveals about Barceló's creation.

I love the way he goes beyond places, objects and works of art when he photographs: his constant attempt to see, his will to explore, his passion to search the void which does not exist but discovers everything, the reality that one finds beneath what everybody else calls reality, the fascinating and living invisibleness hunted by the sharpness of his vision, half falcon and half wolf, with the wisdom of craftsmen and the spirit of mystics.

That is why, when I was writing an essay about Antoni Gaudí's intervention in the Cathedral in Majorca, I suggested that he get on board the project with his camera. It was clear to me one evening when Jean Marie, Catherine (his wife) and I were reading poems by Philippe Jaccottet aloud in a cove near Cape Ferrutx. While facing a beautifully violent and intense landscape, I saw folds in the sandstone rock that looked like the pages of a giant book, a *gaudinian* book. All three of us observed the geological folds and I asked Jean Marie if he could photograph them.

We´ve published *L'ull Gaudí* with mutual understanding and complicity. In this book, with one hundred images, Jean Marie shows Gaudí's creative process in a way that is opposed to any postcard-like ideas, playing with absolute freedom in his exploration so that the reader can see, recall, observe, understand, dream, invent, relish... Among the photographs and the texts, a chamber of *gaudinian* echoes is created that weaves a singular and unique melody.

Jean Marie del Moral transcends the simplest moments and he turns them into movable and indefinable adventures that we cannot forget. Jean Marie del Moral has the poetic art that makes us see enigmatic materials in photography that question and marvel us. Jean Marie del Moral perfumes his work with a noble melancholy that comes from his own testimony, from his personal photographic writing, from his masculine shyness, his warm humor and, above all, his tenderness.

Jean Marie del Moral: a photographer, an artist with natural kindness, with a mournful view, with a soft strength, with a spiritual elegance, with a clear intelligence, with a strong humane struggle, with an extraordinary love for culture, for his friends and for life itself.

Biel Mesquida

Biel Mesquida (Castellón de la Plana, 1947) es escritor y biólogo. Su primera novela, *L'adolescent de sal*, publicada en 1973 y galardonada con el Premio Prudenci Bertrana, fue censurada durante dos años por la dictadura franquista y se considera uno de los libros más innovadores de la literatura catalana contemporánea. Ha publicado obras singulares como *El bell país on els homes desitgen els homes* (1974), *Puta-marès* (1978), *Excelsior o el temps escrit* (1995, Premio Ciutat de Barcelona y Premio de la Crítica), *T'estim a tu* (2001), *Els detalls del món* (2006, Premio Nacional de Literatura Catalana), *Llefre de tu* (2012), *L' ull Gaudi*, en colaboración con Jean Marie del Moral (2014), y *Trèmolo* (2015). Colabora en numerosos medios y desde 1997 dirige el Festival de Poesia de la Mediterrània, en Mallorca.

Biel Mesquida (Castellón de la Plana, 1947) is a writer and biologist. His first novel, *L'adolescent de sal*, was published in 1973 and obtained the Premio Prudenci Bertrana. It was censored for two years by the Franco dictatorship and it is regarded as one of the most innovative books in contemporary Catalan literature. He has published unique works such as *El bell país on els homes desitgen els homes* (1974), *Puta-marès* (1978), *Excelsior o el temps escrit* (1995, Premio Ciutat de Barcelona and Premio de la Crítica), *T'estim a tu* (2001), *Els detalls del món* (2006, Premio Nacional de Literatura Catalana), *Llefre de tu* (2012), *L' ull Gaudi*, with Jean Marie del Moral (2014), and *Trèmolo* (2015). He collaborates in several media and is the director of the Festival de Poesia de la Mediterrània, in Majorca, since 1997.

PHoto**Bolsillo**

Director de la colección / Series editor
Chema Conesa

Coordinación / Coordination
Bárbara Adrados

Diseño original / Original design
Fernando Gutiérrez

Traducción / Translation
Rebecca Doyle Dorado

Preimpresión / Pre-press
Museoteca

Impresión / Printer
Brizzolis

ISBN
978-84-17048-78-5

Depósito Legal / Legal Deposit
M-20666-2018

LA FÁBRICA

Presidente / President
Alberto Anaut

Vicepresidente / Vice-Chairman
Alberto Fesser

Director General / Managing Director
Álvaro Matías

Directora Editorial / Editorial Content Manager
Camino Brasa

Director de Desarrollo Editorial / Editorial Development Manager
César Martínez-Useros

Coordinación / Coordination
Bárbara Adrados

Director de Producción / Production Manager
Rufino Díaz

Director de Distribución / Distribution Manager
Raúl Muñoz

LA FABRICA

Verónica, 13
28014 Madrid
T. +34 91 360 13 20
edicion@lafabrica.com
www.lafabrica.com

Una coedición entre / A Coedition Between

LA FABRICA

museoteca

BRIZZOLIS arte en gráficas

Biblioteca PHotoBolsillo

Biblioteca de Fotógrafos Españoles

Xavier Miserachs
Nicolás Muller
Humberto Rivas
Ricky Dávila
Koldo Chamorro
Francesc Català-Roca
Carlos Pérez Siquier
Luis Pérez-Mínguez
Gabriel Cualladó
Javier Vallhonrat
Miguel Trillo
Pilar Pequeño
César Lucas
Fernando Gordillo
Agustí Centelles
Baylón
Isabel Muñoz
José María Díaz-Maroto
Cristóbal Hara
Antonio Tabernero
Alberto García-Alix
Pablo Genovés
Clemente Bernad
Carlos Serrano
Ramón Masats
Óscar Molina
Cristina García Rodero
Pablo Pérez-Mínguez
Joan Fontcuberta
Navia
Ricard Terré
Fernando Herráez
Oriol Maspons
José Ignacio Lobo Altuna
Xurxo Lobato
Genín Andrada
Valentín Vallhonrat
Vari Caramés
Juan Manuel Díaz Burgos
Ferran Freixa
José Antonio Carrera
Manuel Vilariño
Kim Manresa
Rafael Navarro
Toni Catany
Luis Escobar
Marta Sentís
Chema Madoz
Ciuco Gutiérrez
Alberto Schommer
Ouka Leele
Manel Esclusa
Laura Torrado
Ángel Marcos
Ortiz Echagüe
Francisco Ontañón
Carlos Saura
Alfonso
Juan Manuel Castro Prieto
Pep Bonet
Juantxu Rodríguez
Paco Gómez
Virxilio Vieitez
Gonzalo Juanes
Rosa Muñoz
Leopoldo Pomés
José Ramón Bas
David Jiménez
Leonardo Cantero
Jordi Socías
Colita
Alfredo Cáliz
Gervasio Sánchez
Txema Salvans
Matías Costa
Emilio Morenatti
Pierre Gonnord
Ricardo Cases
Sofía Moro
Joan Tomás
Atín Aya
Rafael Trobat
José Cendón
Luis de las Alas
Chema Conesa
Ragel
Samuel Aranda
Rafael Sanz Lobato
Juana Biarnés
Manuel Outumuro
Cristina de Middel
Carlos Spottorno
Aitor Lara
Miguel Bergasa
Javier Arcenillas
NOPHOTO
Laia Abril
Blank Paper
Ricardo Martín
Eduardo Momeñe
Campúa

Biblioteca de Fotógrafos Latinoamericanos

Luis González Palma
Casasola
Marcos López
Cia de Foto
Raúl Cañibano
Alberto Korda
Tito Caula
Alfredo Cortina
Ricardo Jiménez
Barbara Brändli

Biblioteca de Fotógrafos Africanos

Jean Depara
Samuel Fosso
Mama Casset
Zwelethu Mthethwa

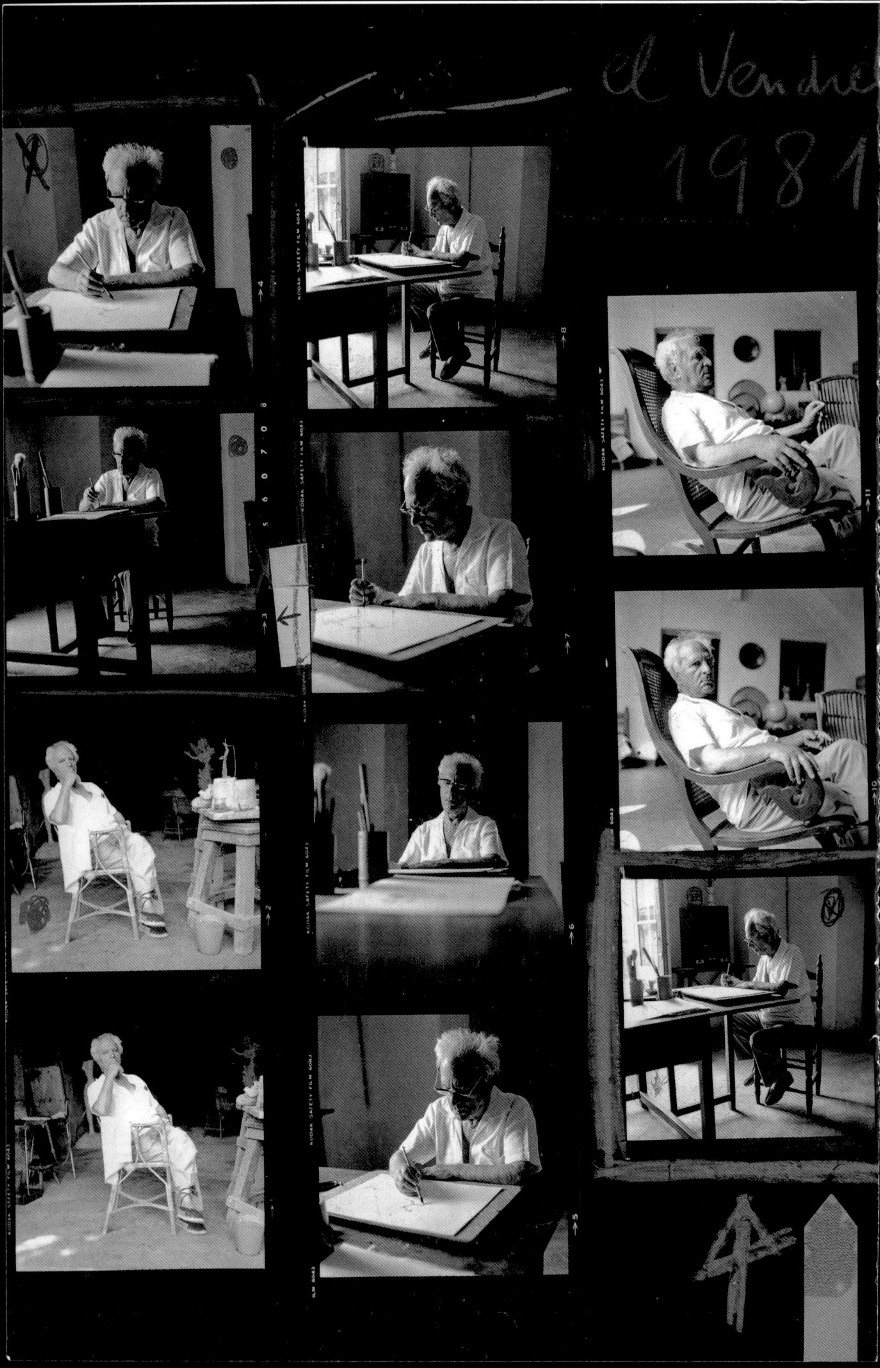
el Vendre
1981
4